AF208520

ROMAN KESS

Brave Männer haben Kinder,

Böse Männer gehen zum Inder

ROMAN KESS

Brave Männer haben Kinder,

Böse Männer gehen zum Inder

von einem turbulenten chaotischen
Leben zum einfachen erfüllten
Dasein

Bibliografische Information der Deutschen
Nationalbibliothek

Die Deutsche Nationalbibliothek verzeichnet diese
Publikation in der Deutschen Nationalbibliografie; detaillierte
bibliografische Daten sind im Internet über dnb.d-nb.de
abrufbar.

Lektorat, Layout, Covergestaltung: Annette Scholonek
Covermotiv © by Roman Kess
Herstellung und Verlag: BoD – Books on Demand GmbH,
Norderstedt

ISBN: 978-3848211043

Inhalt

Über den Autor

Vorankündigung

Einleitung

✮✮✮✮

In jedem Leben gibt es eine Reihe verschiedenster Ereignisse, die im Nachklang das Leben besonders geprägt haben. Dieser rote Faden in einem persönlichen Leben gilt auch für eine ganze Generation, die durch gemeinsame gesellschaftliche Erfahrungen geprägt wurde. Für viele aus meiner Generation, die in den 50er Jahren geboren sind, war dies der Aufbruch in eine neue Zeit, der in den 60er und 70er Jahren das Denken grundlegend veränderte.

Alte Werte machten Platz für Neues.

Themen wie Umweltschutz und Ökologie erreichten den Mainstream, die sexuelle Revolution entstaubte den Stellenwert der Ehe, die Gleichberechtigung wurde plötzlich konkret. Die Schulen waren voll mit Arbeiterkindern und die Aufstiegschancen für jeden schienen unbegrenzt. Die Mobilität der Massen erzeugte ein nie gekanntes Reisefieber, selbst wenn´s nur über den Brenner nach Italien ging.

Ich möchte Ihnen in dieser Biografie die Geschichte eines bayrischen Yogis erzählen mit all seinen Höhen und Tiefen, den ekstatischen Erfahrungen und seinen größten Abstürzen. Als Wanderer zwischen Ost und West traf ich die großen spirituellen Lehrer des Ostens, deren Weisheit mich tief berührte. Diese Reise begann mit Mah, arishi Mahesh Yogi, erreichte ungeahnte Höhen mit Bhagwan Shree Rajneesh und gipfelte im Besuch bei H.W.L. Poonja, auch unter dem Namen Papaji bekannt. Die mystische Aura jedes Einzelnen dieser geistigen Größen führte zu tiefgreifenden Erkenntnissen mit all ihren Schatten und Auswüchsen. Sie führte zu seelischen Veränderungen mit Zeiten extremer Belastungen.

Gleichzeitig möchte ich Ihnen die Kontinuität aufzeigen, die sich im Hintergrund meines Lebens abzeichnet und dem Ganzen einen bleibenden Halt gibt.

Ich betrachte mich als Zeitzeugen für die Generation, die in den 50er Jahren geboren wurde und zu neuen Ufern aufbrach, und irgendwie in der Mitte des reißenden Stroms lernte, authentisch zu sein.

Das Buch will auch eine Warnung geben, speziell an geistig geblendete Menschen, die ausschließlich an den Weihnachtsmann glauben mit seinen fortwährenden Geschenktüten und Glückshormon-Ergüssen.

Die Träume vom Feuer einer *jungfräulichen Reinigung* sind Märchengeschichten, Science-Fictions und manche der sogenannten Erleuchtungsbiografien und der US-geprägten „You can do it"-Methoden bedienen ausschweifend diesen Markt.

Im Feuer der Reinigung zu verbrennen mit der sich einstellenden Hilflosigkeit, den existentiellen und gesundheitlichen Belastungen, ist dagegen ein ganz anderes Erlebnis und eine Baustelle.

Kurz gesagt, dies ist keine Erleuchtungsbiografie, sondern eine vieler Baustellen ... mit Open End.

Noch ein mir stark am Herzen liegender Gedanke ist folgender: Meine Generation hatte das große Glück, dass hier in Mitteleuropa während unseres bisherigen Lebens Friede vorherrschte, was geschichtlich eine Ausnahme darstellt. Es bescherte vielen unserer Generation die Chance, ganz nach ihrer eigenen Façon zu leben.

Diese uns vertraute und in den letzten Jahrzehnten entstandene Lebensqualität ist in einer Krise und am Verschwinden! Seit Beginn der Weltwirtschaftskrise 2007 hat sich die globale gesellschaftliche Gesamtsituation verschlechtert, wirtschaftlich ist es für viele enger geworden, die Armut hat zugenommen. Die staatlichen Kontrollinstanzen haben den transparenten Bürger geschaffen; damit einher geht ein entsprechendes Überwachungssyndrom.

Zusätzlich zu dieser Misere hat sich die Gefahr für verschiedene Katastrophenszenarien weltweit erhöht. Ein sogenanntes „Black-Swan-Ereignis" würde schon ausreichen, um das weltweite Finanzsystem zusammenbrechen zu lassen. Die

Gefahr von Kriegen und Revolutionen nimmt rasant zu. Naturereignisse wie Solar Flares, Erdbeben und Tsunamis bestimmen zunehmend das Weltgeschehen. Die Medien sind voll davon. Angst und Unsicherheit breiten sich in der Gesellschaft aus – mit der Folge, dass die Lebensqualität sich trübt und Freiräume verschwinden.

Meine hier geschilderte Lebensgeschichte ist geprägt von sich immer wieder stark verändernden Lebenssituationen, ekstatischen und intensiven Erfahrungen, gepaart mit dramatischen Ereignissen.

Es bleibt eine tägliche Kunst, dabei trotzdem eine gewisse Gelassenheit und den inneren Frieden zu wahren, auch wenn der Himmel einem manchmal auf den Kopf zu fallen scheint.

Viel Spaß und viele Anregungen beim Lesen!

Ihr Autor, Roman Kess

Südindien im Winter 2011/12

1.

Jugend – früher Überlebenskampf

★★★★

Ich gehöre zur Generation der Nach-68er. 1955 geboren, wuchs ich in einem kleinen katholischen Kaff in Rosenheim, Oberbayern, auf.

Meine Kindheit war geprägt durch ein Schlüsselerlebnis, das meinem Leben eine bestimmte Haltung mitgeben sollte. Ich war knapp zwei Jahre alt, als ich eine Lungenentzündung bekam und in die Lungenheilanstalt Steinhöring eingeliefert wurde. Ich erinnere mich, in einem großen Saal in einem kleinen Kinderbett zu liegen, wo an beiden Seiten besetzte Betten mit anderen Kindern standen. In einer Nacht wachte ich einmal erschrocken auf und als ich die Augen aufschlug, war es dunkel und ich bekam keine Luft mehr. Ich spürte, dass etwas Großes auf mir lag und mich beengte. Ich begann wie wild zu strampeln und zu schreien, und befreite mich von dieser Last. Nach einer halben Ewigkeit, so kam es mir vor, erschien eine Schwester und nahm mich fürsorglich in den Arm, nachdem ich den Saal wachgebrüllt hatte. Später stellte sich heraus, dass der kleine Junge vom Nebenbett mir ein Kissen draufgeworfen hatte, denn dort fehlte es.

Für mich war dies die erste lebensbedrohliche Situation, an die ich mich erinnere, eine Schlüsselerfahrung, die meinen Umgang mit späteren Krisensituationen prägte. Mutter holte mich dann total verlaust aus dieser Anstalt, an die ein Heim angeschlossen war.

Ansonsten war die Kindheit normal, was keinen weiteren Anlass gab, als gestörtes Psychoopfer dazustehen. Ich wuchs mit Stiftenkopf und Lederhosen auf, war den ganzen Tag über draußen am spielen und hatte einen ausgeprägten Jähzorn, wenn es nicht nach meiner Nase ging. Einfach ausgedrückt, die Welt war hier noch in Ordnung, wo der CSU und Franz Josef Strauß immer 60 Prozent (plus) gewiss waren. Am Wochenende, wenn mein Vater Zeit hatte, gingen wir oft zum Fußballplatz. Fußball interessiert mich auch heute noch, sogar in Indien bin ich immer informiert, wie die Roten (FC Bayern) gerade spielen.

Wir lebten zusammen mit den Großeltern unter einem Dach. Ich liebte meine Oma, die tanzend in der Küche stand und wehmütig Freddi Quinn mitträllerte: „Junge, komm bald wieder, bald wieder nach Haus …….." Meine Oma hatte immer Fernweh und war eine sehr lebensfrohe Frau. Mein Großvater dagegen saß immer auf seinem Schneidertisch und fertigte wunderbare Kleidungsstücke an, die *Haute Couture* für die „Damen von Welt", sprich die Nachbarn im Viertel. Ich saß oft stundenlang im Schneidersitz daneben, als wäre dies völlig selbstverständlich, und beobachtete seine konzentrierte Arbeitsweise. Er sprach selten und war ein typisches Schneiderlein, bescheiden und arbeitsam.

Ich war natürlich auch Ministrant und erfreute mich am heimlichen Genuss des „Blutes Christi", sprich dem Wein, der immer seine jungen Ministrantenkehlen fand. Ebenso war ich in der katholischen Jugendbewegung mit Zeltlagern, Gitarre und Lambrusco.

Als ich mit 14 Jahren endlich die erste Jeans von meiner Mutter bekam, war dies der Moment, als der pubertäre Rebell in mir die Chefrolle übernahm. Dies ebnete früh den Weg für meine lebenslangen Interessen und zeigte bei der Frage „Wer bin ich denn eigentlich?" den Spielraum für die Antwort.

In dieser Zeit von „Woodstock" und der Flower-Power-Bewegung kamen die ersten langhaarigen Freaks von ihren Asien-Überlandreisen über München – Istanbul – Bagdad – Karachi – Indien nach Deutschland zurück.

Ich erinnere mich, wie ich einen langhaarigen Freak im örtlichen Stadtcafé vor mir sitzen sah und ihn ehrfürchtig wie Jesus Christ Superstar anhimmelte. Er roch förmlich nach schwarzem Afghan, dem damaligen ultimativen Kiff, der stärker und besser war als der Double Zero aus Marokko oder der Rote Libanese. Dieses Bleichgesicht verbreitete die erhabene Stimmung eines bayrischen Marco Polo, der gerade aus den chinesischen Opiumhöhlen zurückkehrte.

Natürlich haben ich und meine damaligen Freunde alle gekifft und auch LSD und Mescalin genommen.

Ich kann mich noch gut an einen Klassenausflug erinnern, ich war damals vielleicht 15 oder 16 Jahre alt, wir fuhren auf die Herreninsel am Chiemsee. Dort machten wir auf unserer Inselwanderung einmal Pause und ich sehe jetzt noch, wie einer meiner Klassenkameraden einen Joint dreht und viele aus der Klasse mitkiffen. Es war supergeil und kein Lehrer ahnte irgendetwas davon. Nur einem von meiner Klasse war es dann doch irgendwie auf den Magen geschlagen und er kotzte wie ein Reiher und grinste dabei unsere Klassenlehrerin breit an. Die schaute mit einem großen Fragezeichen im Gesicht in die Schülerrunde; die meisten von uns standen nur da und zogen blöde Grimassen.

Wer von den Alten hatte schon Ahnung davon? Im Jahr 1970 keiner, auch meine Eltern wussten nichts darüber. Außerdem war gerade auch in Bayern ein liberaler Geist eingezogen, in die Schulen schwappte die antiautoritäre Welle über und beseitigte den Schulmief.

Ich war begeistert von Jack Kerouacs Buch „On the road again" und las sehr früh „Die Autobiografie eines Yogis" von Paramahansa Yogananda. Wie sich später herausstellte, sollten diese literarischen Eindrücke mir im Alter von 16 bis 17 Jahren die Richtung im Leben weisen. Ich war also nie ein 68er, die politische Kraft der Veränderung streifte mich nur am Rande. Ich habe zwar in Maos Bibel mal reingeschnuppert, aber davon blieb nichts hängen.

APO und RAF kannte ich nur über die Medien. Rosenheim war zu klein, um irgendeinen Aktionsradius dafür zu bieten. Ich war mit total anderen Dingen beschäftigt.

Was wirklich zählte ...

Es war an einem Samstag und ich traf mich mit zwei Freunden auf dem Land. Wir hatten ein Haus für uns, da die Eltern übers Wochenende weggefahren waren. Wir stimmten uns auf eine mediale Supershow ein und es nahm jeder von uns einen LSD-Trip. Die Musik, abwechselnd Pink Floyd und Grateful Dead, untermalte die flippige Stimmung.

Ich saß im Schneidersitz auf dem Sofa und verweilte mit geschlossenen Augen über Stunden in dieser Position. Eine Erfahrung von Weite mit einem immensen Glücksgefühl stellte sich dabei ein. Ein schillerndes Universum zeigte sich in MIR, zeitlos und im Herzschlag vibrierend. Diese Verbundenheit! Es gab nichts zu tun, der Weltenpuls gab den Rhythmus vor.

Die Wirkung wurde mit gutem Kiff in die Länge gezogen. Irgendwann nach sechs bis sieben Stunden kam dann der Heißhunger auf und der Trip ging dem Ende zu. Wir plünderten den Kühlschrank. Es herrschte Friede, wir drei waren im Gleichklang.

Diese inneren Welten haben sich bei mir bereits mit LSD geöffnet und waren der Auslöser beziehungsweise meine ersten Schritte für das Erwachen meines geistigen Interesses.

Hey – ich war gerade mal 16 Jahre jung mit dieser Einheitsnummer!

Natürlich litt meine schulische Leistung darunter und ich schmiss das Gymnasium nach der mittleren Reife. Was ich nie bereute!

Fazit:

Auch ich erlebte die Begeisterung der Jugend für außergewöhnliche Erfahrungen.

Früh zeigte sich so meine Lebensausrichtung.

Auf die Jetztzeit gemünzt, sehe ich es jedoch als wichtig an, Schutz und Hilfe zu gewähren. Denn intensive Bewusstseinserfahrungen, die speziell durch Drogen ausgelöst werden, zerren an den Kräften und man steht immer mit einem Bein am Abgrund.

Jungen Menschen dabei Hilfestellung zu geben, ist ein Muss und es sollten gnadenlos Licht- und Schattenseiten aufgezeigt werden.

2.

Das Zeitalter der Erleuchtung

★★★★

Ich war gerade 18 Jahre alt geworden, als ich meine erste formelle Unterweisung in einer Meditationstechnik erhielt, der sogenannten Transzendentalen Meditation. Diese Methode war „in", und zwar Anfang bis Mitte der 70er Jahre.

Ausgelöst wurde dieser Trend durch das Zusammentreffen des indischen Gurus Maharishi Mahesh Yogi mit den Beatles in der sagenumwobenen indischen Stadt Rishikesh, die am Oberlauf des Ganges gelegen ist und später auch mich in den Bann ziehen sollte.

Ihren Höhepunkt fand diese spirituelle Bewegung mit der *Ankündigung eines Zeitalters der Erleuchtung,* dem ich in der Olympiahalle in München 1975 beiwohnte. Ich war gerade 20 Jahre alt und wurde als Bodyguard von dem indischen Guru in München eingesetzt; dadurch bin ich während seines Aufenthalts physisch immer in seinem Umfeld gewesen.

Maharishi war im Hotel „4 Jahreszeiten" untergebracht, ich wachte an seiner Tür, wo es sehr umtriebig zuging mit indischen Schülern, aber auch mit Personal, das ihm das nordindische Essen anrichtete. Dazu gab es immer Thali mit Chapatis, die auf einem kleinen Spezialofen frisch zubereitet wurden. Mir lief dabei das Wasser im Mund zusammen, von Anfang an liebte ich das indische Essen, nur bekam ich in diesem Fall nichts ab, denn wir, die westlichen Bodyguards, aßen separat.

Meine Aufgabe bestand darin, irgendwelche TMler, die sich in das Hotel einschlichen, davon abzuhalten, Maharishi in seiner Privatsphäre zu belästigen. Es hatten nur wenige vom internationalen Staff Zugang zu ihm. In diesen zwei Tagen gab es aber keinen nennenswerten Zwischenfall für die Security.

Während des ganzen Treibens war der kleine, nicht mal 1,60 Meter große Maharishi mittendrin in dem Getümmel. Mit seinem warmherzigen, aber distanzierten Lächeln schien er davon aber völlig unberührt zu sein.

Er kam mir entspannt vor und doch voll präsent.

Als dann in der Anwesenheit von knapp 10.000 TM-Interessierten die Präsentation über ein kommendes Zeitalter der Erleuchtung mit Maharishis Vortrag in der Olympiahalle stattfand, war ich begeistert und tief berührt von der mit Souveränität und Gewissheit dargelegten Ansicht, dass jeder Mensch das Potential und auch das Grundrecht auf „seine

Erleuchtung" hat. Es erschien mir, als ob das Licht in der Halle einen besonderen Glanz ausstrahlte, wie der von einer anderen Welt. Es kam mir vor, als würde diese Botschaft alle existentiellen Sphären erhellen. Das Publikum war begeistert und getragen von der Kraft dieser Aussage. Die einzelnen Passagen waren mit Diabildern, Licht und Musik gut insze-niert – „What a happening!"

Erst Jahre später sollte ich für mich einen Widerspruch in seinen Aussagen erkennen, als ich mich mit Gyana, dem Pfad des Wissens, befasste. Maharishi war ein Yogi und er verkün-dete den Yoga-Pfad, einen Weg der beständigen Übung, was aus seiner Sicht mit einem schrittweisen Prozess der Erkennt-nis einhergeht.

Für mich war dieses Event ein „Schlüsselerlebnis", denn bisher betrachtete ich das Wort *Erleuchtung* nur als einen vagen mystifizierten Bewusstseinszustand, der mir ausschließlich bekannt war aus spirituellen Büchern und in meinem damali-gen Weltbild nur den alten Lehrern und Heiligen des Fernen Ostens nach langer Askese zustand.

Meine katholische Erziehung hatte damit einen Megatsu-nami erlitten. Ich war so begeistert von dieser Idee einer Wis-senschaft der universellen Erleuchtung, dass sich in mir die Bereitschaft festigte, alles dafür zu tun. Ich wollte diese Idee fördern, meinen brennenden Wunsch verwirklichen!

Hey, ich war gerade mal 19!

Ich begann also, diese Idee nach außen zu propagieren, arbeitete zuerst in einem Zentrum für Transzendentale Meditation in meiner Heimatstadt und später in der dafür gegründeten internationalen Organisation in der Schweiz mit. In dieser multikulturellen Zusammensetzung blühte ich auf und übernahm früh Verantwortung. Ich half praktisch bei Lehrer-Ausbildungskursen mit, die immer in angemieteten Hotels stattfanden, und machte dafür auch Organisationsarbeit. Bereits mit 21 Jahren war ich Co-Leiter einer TM-Meditationsakademie am Schliersee. Dort wurden Meditationsvertiefungskurse sowie Ausbildungen zum TM-Lehrer abgehalten. TM-Praktizierende kamen für ein Wochenende oder auch länger, sie machten ihre mehrstündigen „Meditationsrunden" mit Yoga Asanas, Pranayama und Mantra-Meditation und schwiegen dazu.

Es entwickelte sich so ein intensiver Raum der Stille. Wir, der Staff, versorgten unsere Medi-Gäste. Neben der vielfältigen Arbeit, die einem Hotelbetrieb glich und wo ich Mädchen für alles war, meditierte ich auch selbst zwei bis drei Stunden täglich. Einher ging damit ein Keuschheitsgelübde, das uns Mitarbeitern angetragen wurde. Es war eine sehr konzentrierte Lebensphase, in der ich aber emotional immer wieder Schwierigkeiten hatte und unter Hochspannung stand. Ich erinnere mich noch gut an eine Situation, wo ich in der Küche das Mittagessen für eine Gruppe von knapp 20 Personen vorbereitete. Zwar gab es dazu Kochpläne, doch ich war alleine. Eine Mitarbeiterin war ausgefallen und so musste ich Hähnchen mit Pommes und Salat ohne Hilfe zubereiten.

Gleichzeitig hatte ich noch Telefondienst an der Rezeption. Ich rannte also von einem Arbeitsplatz zum anderen und plötzlich hatte ich einen „Blackout". Als das Telefongebimmel und das Hähnchen im Backrohr miteinander kollidierten, ließ ich einen Urschrei los, der durch das ganze in Stille getränkte Haus schallte.

Ich fühlte mich total überfordert.

Die selbst auferlegte sexuelle Enthaltsamkeit mit 21 Jahren machte das Zusammensein mit Frauen nicht einfach; man scharrte mit den Hufen, durfte aber nicht. Letztendlich implodierte dieses Spannungsfeld und zeigte negative Auswirkungen auf meinen Gesundheitszustand. Im Sommer 1976 entwickelte sich bei mir eine juvenile Diabetes, die mich seitdem belastet und nervt.

Meine Wirkungsphase in der TM-Bewegung näherte sich dem Ende. Ich fragte noch Maharishi, meinen Guru persönlich, ob und wann ich TM-Lehrer werden sollte. Als Antwort erhielt ich „in sechs Monaten". Dies geschah dann auch, allerdings bei einer Splittergruppe der TM-Bewegung in London, wo ich als Meditationslehrer ausgebildet wurde. Unterrichtet habe ich aber diese Mantra-Meditation nur ein einziges Mal, das war's dann!

Mantra-Meditation ist eine gute Sache, um den Geist auszurichten und somit das Gedankenwirrwarr zu unterbinden und Phasen der Stille zu erfahren. Speziell in Indien gibt es Anhänger, die den ganzen Tag bestimmte Mantren murmeln mit der Absicht, auch Kräfte von bestimmten Gottheiten zu aktivieren.

Fazit:

Jede Methode hat einen Zweck. Sie bringt von einem bestimmten Punkt A zu einem bestimmten Punkt B. Es ist hilfreich, die Absicht und das Ziel zu klären, bevor man sich auf eine Methode intensiv einlässt. Ich nehme Fahrstunden, um Autofahren zu lernen, und Tanzstunden, um Tanzen zu können. Dasselbe gilt bei geistigen Methoden. Es gibt es eine Vielfalt an Angeboten und es gilt gut hinzuschauen, was man auswählt. Mantren zum Beispiel können auch negativ wirken. Wenn ich damit etwa die Kalikraft aktiviere, kann emotional ein Feuerwerk abgehen. Deshalb sollte man sich bei allen Angeboten gut informieren.

Was Gruppen anbelangt, so gilt auch da:

Die Begeisterung für eine Sache kann sprichwörtlich Bäume versetzen. Halt mal zwischendurch inne und frag dich, wer hat was davon? Und wenn man sich ausgenutzt fühlt, sollte man einen Schlussstrich ziehen und eine Bewegung verlassen.

Sich für etwas Besonderes einzusetzen, erzeugt aber auch Hingabe und Mitgefühl, menschliche Qualitäten von hohem Wert, die nicht alltäglich sind.

3.

Beziehung, Drogen und Schwangerschaft

✦✦✦✦

Fürs Erste hatte ich genug von Organisationen und weiterer Missionsarbeit. Schule und Ausbildung drängten jetzt konkret ins Leben. Außerdem lernte ich in meiner Heimatstadt ein nettes Mädel kennen und lieben. Es zündete wie ein Turbo, sie zog nach ein paar Wochen bei mir in mein Elternhaus ein. Relativ schnell wurde klar, dass wir zusammen nach München umziehen. Von einer Freundin erhielt ich eine schnuckelige kleine Mansardenwohnung; auf diese Weise entstand in Schwabing mein erstes Liebesnest. Sie bekam einen Job als Buchhändlerin und ich begann eine Ausbildung zum Korrespondenten für Englisch und Spanisch an der Münchner Sprachenschule. Der Schule war gerade mal zehn Gehminuten von der Wohnung entfernt.

Es war Sommer und wir genossen München mit dem Englischen Garten und seinen Biergärten. Wir waren frisch verliebt und es galt, die Welt zu entdecken. Nach meiner Drogenabstinenz während der TM-Phase entdeckte ich wieder den guten Kiff und nahm auch zwischendurch mal Stärkeres ein. Dies senkte meine schulische Motivation gegen Null und ich schmiss die Schule nach nur einem Semester.

Ich hatte aber bereits eine Alternative für mich ausfindig gemacht. Ich wollte unbedingt Heilpraktiker werden und in München war gerade eine neue zweijährige Vollzeitschule dafür eröffnet worden. Die Naturheilmedizin und die Homöopathie sowie auch die Astrologie hatten mein Interesse schon während der intensiven Meditationserfahrungen geweckt. Diese Ausbildung empfand ich als einen schlüssigen Schritt. Anfangs lernte ich leicht und es machte mir Spaß. Nur mein Drogenkonsum uferte allmählich aus und meine regelmäßigen Schulbesuche wurden weniger. In dieser Phase zeigten die Drogen ihre gemeine Fratze!

Irgendwie war ich einfach ein faules Sch... und meine Eltern finanzierten mich, ohne viel zu fragen.

Nach einem Jahr München – es war wieder Sommer – wurde meine Starbesetzung schwanger. Sie sagte es mir auf einem Spaziergang im Englischen Garten. Ich war verunsichert, aber definitiv nicht bereit, Vater zu werden.

Dies war dann auch der Anfang vom Ende. Sie ließ in einer Schwabinger Klinik abtreiben und ein paar Monate später trennten wir uns.

Wir hielten noch Kontakt, denn sie ging zuerst ins indische Poona und ich sollte ein Jahr später nachkommen.

Für die mitverursachte Abtreibung *bezahlte* ich, indem ich mich in Poona sterilisieren ließ und sie dabei präsent war. Aber ganz ehrlich, dies war eine der Entscheidungen, die ich niemals in meinem Leben bereute! Übrigens, in Poona war eine Sterilisation einfach zu bekommen, denn es rollte gerade eine richtige Sterilisationswelle durch das Sannyas-Volk.

Von da an hatten wir auch keinen Kontakt mehr miteinander und ihr Weg verlief sich im Sand …

Fazit:

Drogengenuss ist auf Dauer lebensfeindlich und bringt dich von deinen Zielen ab! Bei manchen Lektionen wird man zum Wiederholungstäter. Aber irgendwann verliert der Drogenrausch seinen Reiz und die Erfahrung wird schal. „Sucht" kommt von „Suchen" …

… und diese innewohnende Sehnsucht bescherte mir meinen ersten Indienaufenthalt.

4.

Bhagwan Shree Rajneesh – Aufbruch ins Unbekannte

★★★★

Meine Begegnung mit Bhagwan Shree Rajneesh, der sich später Osho nannte, öffnete mir die Pforten zum Verständnis der verschiedenen spirituellen Lebensanschauungen des Ostens. Das Zusammentreffen mit ihm wurde zu einem Wendepunkt in meinem Leben und sollte einschneidende Folgen haben.

Ich hatte meine Heilpraktikerschule in München 1979 beendet. Die staatliche Prüfung zum Heilpraktiker für Psychotherapie sollte ich aufgrund der sich dramatisch verändernden Lebensumstände jedoch erst 26 Jahre später erfolgreich ablegen.

Aber der Reihe nach.

Ende August 1979 besuchte ich Elisabeth Haich. Die bekannte Mystikerin lebte hochbetagt in der Schweiz und ich nahm an einem Yoga-Kurs mit Yesudian, ihrem Partner, teil. Elisabeth Haich wurde in Insiderkreisen durch die Publikation des „Ägyptischen Totenbuchs" bekannt.

Für mich diente das Treffen als Sprungbrett, denn ich lernte dort während meines Kurzaufenthalts jemanden kennen, mit dem ich anschließend auf die italienische Ferieninsel Ischia fuhr, wo ich eine weitere Woche Urlaub machen sollte. Aufgeladen durch den Aufenthalt in der Schweiz, sollte jetzt die Weichenstellung für die nächste Speiche auf meinem Lebensrad kommen.

Wie es so sein soll, landete „Der Weg – der Weg der weißen Wolke" – Bhagwans Buchversion von diesem Klassiker – in meinen Händen. Dieses Buch verschlang mich, und die dabei gewonnenen Einsichten sollten die Initialzündung für die kommende Indienreise sein.

Das Sannyas-Meditationszentrum von Shree Rajneesh hatte ich in München schon besucht, aber noch nichts von ihm gelesen; und von den aktiven Meditationen, die im Zentrum liefen, war ich wenig beeindruckt. Der orangerote Kleiderzwang befremdete mich erstmal.

Ich war aber so gefesselt von Bhagwans Kommentaren, lag in der prallen italienischen Sommersonne, ging schwimmen und diskutierte mit meinem Bekannten über die Inhalte. Die Konsequenz davon war, dass ich nach meiner Rückkehr nach München meinen Ausbildungsvertrag zum Heilerziehungspfleger kündigte und sofort meine sieben Sachen packte.

Mein inneres Feuer brannte lichterloh, und dieses Feuer sollte in den kommenden Jahren der Wegbereiter sein für viele Begegnungen mit den alten indischen Meistern.

Am 2. Oktober 1979 landete ich in Bombay, Indien.

Es war schwülheiß und ich saß verschwitzt und vom langen Flug übernächtigt in einem schwarz-gelben, uralten Fiat-Taxi, dessen Stoßdämpfer hinüber waren. Wir fuhren über holprige Straßen und plötzlich stand auf dem Weg eine Kuh, die dann neben das Taxi kam. Sie hatte einen Blumenkranz um den Hals, die Hörner waren in Silberfolie eingebunden und sie war bunt bemalt und schaute mich mit großen Augen an. Sie sagte mir: *Hey welcome Baba.* – „Schön, dass du wieder heimgekommen bist!" Es musste eine Vorgängerin der Lilakuh sein, nur eine solche Kuh konnte auf diese geheimnisvolle Weise sprechen.

Die indischen Gerüche, die auf mich einströmten, waren mir fremd. Die Farben erinnerten mich an Van Goghs Südseeparadies: knallig und plakativ. Wann immer das Taxi stoppte, sprangen Bettler ans halb offene Fenster und wollten Bakshish von mir. Sie verdrehten ihre Augen und zeigten mir ihren demolierten Körper.

Ich erhielt gerade meinen ersten Kulturschock und war auf dem Weg nach Poona, wo der nächste folgen sollte. In

Poona liegt der Ashram von Bhagwan Shree Rajneesh. Als ich dort am Morgen ankam mit meinen westlichen Klamotten, strömte mir eine Gruppe von strahlenden Gesichtern entgegen, die alle in Orangerot gekleidet und auf dem Weg zu einer von Bhagwans *Lectures* waren.

Irgendwie wurde ich einfach mitgezogen von diesem „Easy going"-Lebensgefühl und landete sofort in der Medihalle beim Vortrag.

Oshos Vorträge waren das Nonplusultra für mich und der Satz „Enough for today" sollte mein Leben auf den Kopf stellen. Mit diesem Satz beendete er alle Vorträge, die er über die alten Mystiker der Vergangenheit hielt und die in der Regel 1,5 bis 2 Stunden dauerten. Ich saß oft am Rande der Buddha-Halle, in der die Vorträge stattfanden; meistens legte ich mich hin und schlief während der Reden irgendwann ein. Doch ich erwachte immer bei diesem Abschlusssatz, richtete mich automatisch auf und nahm dazu die indische Namaste-Haltung zum Gruß ein. Dieser Vorgang lief wie in Trance ab und ich fühlte mich am Ende total erfrischt.

Oshos Vorträge waren gespickt mit Witzen. Indische Politiker und wichtige Persönlichkeiten mussten oft dafür herhalten. Die Halle, in der die Vorträge gehalten wurden, war für mehrere Tausend Menschen gebaut und in der *Indian Season* während der indischen Festivitäten randvoll.

Oshos Gabe war es, die alten Mystiker in die Jetztzeit zu übersetzen und somit wieder lebendig zu machen. Ob er über

Laotse, Jesus, Zarathustra, Mahavir oder Buddha sprach – ihre Botschaften wurden in neue Kleider gefasst und zelebriert. Entsprechend der erzählten Inhalte wechselte im Ashram auch die Atmosphäre. Bei den Reden über die Zen-Mystiker wandten sich die Anwesenden nach innen; Stille und Abgekehrtheit breiteten sich aus. Dagegen stimulierten die Tantra-Vorträge die Sinnlichkeit und brachten somit die Lebenslust zum Ausdruck. Es war ein ständiges Wechselbad mit sich verändernden Rollenspielen. Eine bis dahin nicht bekannte Bewusstseinstiefe und Lebendigkeit stellten sich langsam bei mir ein.

Bhagwan wurde die 200 Meter von seinem Haus in einem Rolls-Royce chauffiert und trug immer prächtige Roben. Er wusste seine Auftritte zu zelebrieren und ich genoss es, dabei zu sein.

Im Anschluss der Vorträge liefen die Programme mit den Seminarveranstaltungen und Einzelsitzungen; auch für das leibliche Wohl war in Restaurants bestens gesorgt. Ich konnte den ganzen Tag über köstliche westliche und indische Speisen verzehren, somit war die diabetische Versorgung mit Nahrungsmitteln abgesichert. Die Küche war einer der härtesten Arbeitsplätze im Ashram, aber das Los ging an mir vorüber und ich sollte dort in diesem wahnsinnigen Chaos nie arbeiten.

Am Abend ging es dann weiter mit der sogenannten Musikgruppe in der Buddha-Halle und gleichzeitig fand ein individueller Darshan, eine direkte Begegnung mit Osho, statt.

Ich hatte meinen persönlichen Darshan am 3. November 1979, wo ich auch meinen ersten spirituellen Namen erhielt. Es war eine schöne Zeremonie, er legte mir seinen Daumen auf mein drittes Auge und hauchte mir meinen neuen Namen ins Ohr ein. Ich hieß von jetzt an *Veet Roman*, und er sagte mir dazu, ich sollte Rom transzendieren. Ich hatte keine Ahnung, was er damit meinte, und verließ mit einem Fragezeichen im Kopf die Darshan-Halle. Erst später wurde mir klar, dass dieser Ausspruch ein Hinweis auf ein kommendes Ereignis war!

In der Buddha-Halle spielte die Musikgruppe. Dort wurde Lifemusik gemacht und Tanzen war angesagt. Die Poona-Songs wurden zu Ohrwürmern und zu jedem Vollmond kochte die Stimmung über. Das Tanzen war ein Sich-treiben-lassen. Alleine unterwegs, kam ich schnell in Kontakt zu anderen Ma's (Mädels) und dem Liebesgeplänkel war der Raum geöffnet.

Die Tage waren vollgepackt mit Aktivitäten, vor allem wenn man gerade angekommen war und sich noch in der Gruppenphase befand.

Für eine Bleibe im Koregon Park in der Nähe des Ashrams ließ ich mich auf einige Abenteuer ein. Die verrückteste Absteige war eine Bambushütte ohne Innenboden und Plastikabdichtung; bereits beim ersten Regen stand ich in einer Matschlandschaft und mein Gepäck bekam eine Schimmelattacke, weil es nicht trocknete.

Ich wohnte in dieser „Monsoon Hütte" keine zwei Wochen, als sich die ganze Investition in Luft auflöste und ich der Nässe entfloh. Um jede Bambushütte machte ich in Zukunft einen großen Bogen. Ich zog schnell um in ein *wasserdichtes* Zimmer.

Als Newbie hatte ich sowieso wenig Zeit, denn ich absolvierte mein Drei-Monate-Programm mit Seminaren und Einzelsitzungen, das alle Neuankommende in verschiedenen Kombinationen machen mussten.

Berüchtigt waren 1979 die Encounter-Gruppen. Natürlich standen diese auch bei mir auf der Liste.

Kurz dazu, was die Bedeutung dieses Wortes ist: „Encounter" heißt, sich emotional zu konfrontieren und sich körperlich innerhalb einer Gruppe einen Ausdruck zu geben. Es ging darum, sich emotional lebendig und authentisch zu zeigen. Die Gruppenveranstaltung fand in einem schalldichten Raum von etwa 30 Quadratmetern statt. Wir zählten 20 Teilnehmer, das Männer-Frauen-Verhältnis war 1:1. Der Kursleiter war ein berühmt berüchtigter Sannyas-Superstar, der dieses Gruppenformat bereits Mitte der 60er Jahre in London entwickelt hatte. Waffen der Konfrontation waren Kissen und die Stimme.

Und dann ging es los, jeder kam einmal dran. Ich wurde schnell als Obernazi in die Ecke getrieben und man schlug mit den Kissen auf mich ein. Ein ganzes Rudel hatte mich da in die Mangel genommen; ich hatte Schwierigkeiten, mich zu wehren, und der Kursleiter hetzte die Gruppe gegen mich auf, bis ich explodierte und mich mit Händen und Füßen zu wehren begann und losbrüllte und mich befreite von dieser wilden Meute. Allen ging es ans Eingemachte: Dicke und Hässliche, Dünne und Aufmüpfige, jeder bekam sein Fett weg. Sexuell gab es Übergriffe, der Kursleiter zelebrierte den tantrischen Sex, auf den sich die Frauen auch einließen – und zwar mit ihm in der Yabyum-Stellung; das heißt, sie wurden beim Schneidersitz vereint zum wilden Orgasmus gevögelt. Alle schauten zu und spornten an, wir Teilnehmer waren elektrisiert vor sexueller Erregung.

Es war ein einziges Tollhaus, ein Schlagen, Schreien und Stöhnen. Am Ende des 36-stündigen Marathons war ich 2,3 Kilo leichter und ich konnte meiner Wut endlich Ausdruck geben. Aber gleichzeitig empfand ich Scham und kam auch nicht wirklich strahlend aus dem „Käfig" raus.

Ich fühlte mich sehr aufgewühlt und am Ende empfand ich mich dann alleingelassen mit einem Scheißgefühl.

Was mir wirklich gut gefiel, war die Gruppe „Enlightenment Intensive" mit „Die Frage – wer bin ich?" Das Konzept hatte man von Ramana Maharshi abgekupfert. Hier ging es darum, dieser Frage im Dialog mit einem Gegenüber auf den Grund zu gehen. Der eine fragte „Wer bist du?" und daraufhin konnte man die verschiedenen Facetten und Identitäten seiner Persönlichkeit aufzählen. Nach zehn Minuten fand dann der Wechsel statt und die Frage wurde neu gestellt. Der Fragesteller blieb präsent und still und sollte auch den Monolog des anderen nicht kommentieren. Nach einigen Stunden hatte man sich leer gesprochen, man durfte aber nicht schweigen, sondern musste immer weiter reden. Ich zählte also die verschiedensten Variationen meiner Missgeburt auf – Lachen war erlaubt! Am Ende war ich müde von den Identitäten meiner selbst. Aufgeweicht und als vergänglich erkannt, verlor das Flüchtige an Bedeutung; stattdessen besetzte der immerwährende Hintergrund immer deutlicher den Raum. Die Realitäten verschoben sich und das Leben erschien in seinem magischen Glanz des Soseins.

Osho selbst zeichnete immer ein sehr wohlwollendes Bild von Ramana Maharshi und diese Frage „Wer bin ich?" sollte mich dann Jahre später zu Papaji bringen.

Als eine sehr schöne Gruppe empfand ich auch die Vipassana, die Atem-Meditationsgruppe, die damals über fünf Tage lief. Es galt, 45 Minuten still zu sitzen und das Ein- und Ausatmen zu beobachten. Wenn man sich in Gedanken verlor, kam ein Lehrer, der einem mit dem Holzschlegel auf die Schulter klopfte. Dann konnte man aufstehen und gehen beziehungsweise Pause machen, bis die nächste Runde losging. Natürlich war ich ständig irgendwo, nur nicht hier. Die Schläge wurden aber mit den Tagen weniger.

In Poona herrschte 1979 eine intensive Lebenskultur.

Sich zu verlieben bot einen wunderbaren Ausgleich zur Meditation. Die Möglichkeiten für diese rosarote Brille waren ständig gegeben und die kurzen partnerschaftlichen Intermezzos dauerten nie länger als ein bis zwei Wochen. Die Kürze hat bei mir jedoch kein Bedauern hinterlassen, sondern ein Lebensgefühl von nie gekannter Fülle gebracht.

Gesundheitlich erlebte ich einige grobe Aussetzer aufgrund meiner Diabetes; es war extrem schwierig, einen Tagesrhythmus mit passenden Essenszeiten einzuhalten. Es gab zu der Zeit noch keine Möglichkeit zur eigenständigen Blutzuckerkontrolle. Als Folge davon fiel ich zwischendurch mal um aufgrund von Blutzuckerschwankungen und sogenannten Hypoglykämien; auch massive Überzuckerungen waren an der Tagesordnung. Doch ich war Mitte 20 und steckte dies locker weg – auch wenn es sonderbar war, wenn ich wieder am Boden im Ashram lag und zu Bewusstsein getätschelt wurde, und man mir Zucker in die Hand beziehungsweise in den Mund steckte. Der Ashram wusste mittlerweile über mich und die Diabetes Bescheid, man reagierte entsprechend unterstützend.

Andererseits empfand ich mein Leben immer mehr als grenzenlos. Osho zeigte mir eine neue Vision für ein Leben, wo es galt, das Zeitalter der Erleuchtung konkret und spielerisch ins Praktische umzusetzen. Das Motto hieß „Alles ist möglich". Die Risikobereitschaft diente dem geschäftlichen Erfolg der *Commune*. Die Gemeinschaft spielte eine wesentliche Rolle; es entstanden viele Sannyas-Zentren weltweit, in denen man gemeinsam lebte und arbeitete. Gleichzeitig wurden dort verschiedene Meditationen, Therapien und Gruppen angeboten, um weitere Interessenten zu gewinnen.

Ich arbeitete im Ashram in Poona und musste als Wächter des Haupttors mit ansehen, wie Osho im Juni 1981 im Rolls-Royce diesen Ort und zugleich auch Indien verließ. Er brach nach Oregon auf, wo die neue internationale *Commune* entstand.

War das ein S...gefühl! Ich empfand mich als unfreiwilliges Überbleibsel. Von wegen Freude!

Ich selbst befand mich also noch in Indien, hing dort fest – und dann hörte ich von einem Beedi Baba in Bombay, der dort wie ein Feuerteufel mit seinem Wissen wirkte und Suchende in seinen Bann zog. Ich wollte sofort dorthin, aber ... Dies war eine der Entscheidungen, die ich im Nachhinein zutiefst bereute, denn es war die Zeit der *Final Teachings* von Nisargadatta Maharaj, der am Ende seines Wirkens war und bald gehen sollte.

Doch vorerst kam dies für mich sowieso nicht infrage. Die Distanz von Oshos zu Nisargadattas Teaching war einfach zu groß. Erst Jahre später sollte diese Kluft sich schließen und ich begeistert die Lehrinhalte von Nisargadatta Maharaj verschlingen.

Am Ende von Poona 1. wollte ich zugleich so schnell wie möglich Richtung Westen, musste aber noch irgendwie zu

Geld kommen, denn ich war komplett pleite. Da fiel mir nichts Blöderes ein, als ein Kilo Haschisch gut präpariert in einem Schachspiel nach Deutschland zu senden. Diese Schnapsidee sollte Konsequenzen haben. Das Haschisch wurde nämlich vom Zoll entdeckt und die Empfängerin ließ mich hochgehen. Der Witz war, dass *sie* mich darum gebeten hatte, da sie dringend Geld brauchte, genauso wie ich, dann aber die Hände in Unschuld wusch und mir alles anlastete!

Konkret konnte ich also nicht nach Deutschland zurück. Schließlich bot man mir einen „Kurierjob" an, bei dem ich vier Kilo Haschisch in einem präparierten Koffer nach Rom bringen sollte.

Hatte Bhagwan nicht bei meinem Sannyas-Darshan über Rom gesprochen? Etwas zu transzendieren, was meinte er damit? Leider war er bereits abgereist und ich konnte ihn nicht mehr fragen.

Also musste ich mein persönliches Orakel dazu befragen. Ich nahm das kleine Wörterlexikon „Deutsch – Englisch", schlug eine Seite auf und zeigte blind auf ein Wort.

Es kam „punishment", auf Deutsch „Strafe" – ich war baff.

Ob ich gefahren bin oder nicht, erfahren Sie im nächsten Kapitel.

Fazit 1:

Bei etwas Neuem dabei zu sein, das über das Persönliche hinausgeht, verleiht eine nie gekannte Kraft der Gestaltung – alles wird möglich. Man fühlt sich lebendig und präsent. Ideale, die begeistern, sind etwas Besonderes und nichts Alltägliches. Manchmal heißt es eben, über seinen Schatten zu springen, das Herz ist ein guter Wegweiser dafür. Wenn man sich dabei beobachtet, wie man gedanklich bereits mit Freude Ereignisse mitgestaltet, dann sind dies gute Voraussetzungen für das tatsächliche Geschehen.

Fazit 2:

Die Zeichen der Zeit zu erkennen, ist wahrlich eine Kunst. Je stärker die emotionale Reaktion ist, die man auf eine Sache hat – wie „Nein, das wird so nicht passieren" –, umso besser erfasst man das Kommende.

Risiken einzugehen hat seinen Reiz, doch das Schärfen des Verstandes verhindert manchmal unnötiges Leid. Aber wie heißt es so schön? – Aus Erfahrung wird man klug!

Aufgrund meiner persönlichen Erfahrungen kann ich nur betonen, dass das, was passieren soll, auch immer passiert. Was dagegen nicht passieren soll, wird auch unter keinen Umständen passieren; man rennt hier immer gegen Wände an.

5.

Rom – Haft und schneller Abgang

✫✫✫✫

Flughafen Rom, Zollkontrolle. Ich stehe da langhaarig mit Vollbart und werde gerade vom italienischen Zoll in einen Nebenraum gebracht. Man lässt mich dort meinen Koffer ausleeren, durchsucht den Inhalt und tastet den Kofferboden ab. Ich beobachte die Szenerie mit einem flauen Magen. Als sich dann auch noch das Gesicht des Beamten aufhellt und er anfängt, die Innenhülle zu lösen, werde ich kreidebleich. Man hat mich erwischt.

Der gesamte Kofferboden hatte eine Platte *Kashmiri*, fein säuberlich eingearbeitet, die vor meinen Augen herausgelöst wurde. Der Zoll war italienisch freundlich, man grinste und verfrachtete mich relativ flott in den berüchtigten *Mafiaknast* von Rom – was mir erst später bewusst wurde.

Ich musste zuerst mal dafür kämpfen, mein Insulin nutzen zu dürfen, denn irgendwie vermuteten die italienischen Staatsdiener, dass ich ein *Junkie* wäre. Also machte ich einen Urintest und aufgrund von Stress und fehlender Insulinzufuhr hatte ich einen fast komatösen Wert. Dies ließ sie dann schnell zur Besinnung kommen und man gab mir mein Insulin mit den Nadeln zurück – was mir das Leben rettete.

Der Verbleib in einer Zelle mit drei anderen Untersuchungshäftlingen sollte die Nerven strapazieren. Es waren zwar alles Insassen mit Drogendelikten und keine Gewaltverbrecher, sodass der Aggressionspegel gering war, trotzdem war jeder angespannt, da wir auf engstem Raum von zwölf Quadratmetern zusammengepfercht waren. Das heißt, wir schliefen auf zwei Stockbetten, nahmen unsere drei Mahlzeiten gemeinsam zu uns und benutzten dann noch alle das leicht abgetrennte WC mit Sichtschutz – was die Geruchsnerven strapazierte.

Meistens hatten wir vormittags und nachmittags eine Stunde Hofgang, wo ich Kniebeugen und leichtes Jogging machte. Natürlich wurde auch gekifft, *dope* war eine eigene Währung im Gefängnis und man konnte es tauschen. Die italienischen Zollbeamten hatten meinen Koffer in aller Eile nicht fein säuberlich von allen Haschischkrümeln geleert, sodass noch Restbestände übrig waren. Aber ich hatte Bammel, als ich in der Aufbewahrung stand und meinen Koffer in der Hand hielt, dabei den Wächter beobachtete und die letzten Krümel herausholte und in meiner Hosentasche verschwinden ließ. Aber es war eben auch ein Geschenk für meine Zellgenossen. Was tut man nicht alles für seine

Mitmenschen, um gut anzukommen ...

Ich lebte mich relativ schnell ein, las sehr viel, meistens die leichte Kost von Abenteuerromanen, und wartete auf Weiteres. Meine Eltern wurden von der deutschen Botschaft benachrichtigt und kümmerten sich um einen Anwalt. Das Gerichtsverfahren lief bereits im Oktober und ich wurde zu einer Haftstrafe von zwei Jahren verurteilt. Meine Auftraggeber habe ich natürlich nicht verpfiffen, also war ich der alleinige Leidtragende.

Das Ergebnis war für mich wirklich niederschmetternd; da half auch meine regelmäßige Meditation nichts. Mir wurde plötzlich klar, dass ich in der Gemeinschaftszelle womöglich noch knapp 20 Monate verbringen musste. Diese Aussicht nervte mich und ich suchte nach einem Ausweg. Hier fiel mir nichts Besseres ein, als mir die Pulsadern zu ritzen. Eine Brise Verzweiflung und eine kalkulierte Absicht verbanden sich da. Ich hatte nämlich keine Suizidgedanken, sondern wollte einfach nur in Einzelhaft kommen – was ich damit auch erreichte und so die Gesamtsituation wesentlich verbesserte. Ich konnte endlich wieder schlafen und es begafften mich nicht ständig fremde Augenpaare bei allen Tätigkeiten. Ich begann mich so langsam wohlzufühlen, hatte einen geregelten Tagesablauf, machte Yoga und Meditation. Meine Lebenssituation hatte sich beruhigt. Dies war aber auch nur von kurzer Dauer. Da die italienischen Gefängnisse extrem überfüllt sind, wird für leichte Strafen in bestimmten Abständen eine Amnestie gewährt, um die Anstalten zu leeren.

Ich hatte Glück!

Zu Weihnachten 1981 war es wieder so weit, die italienische Justiz gewährte eine Generalamnestie. Meine Eltern bezahlten einen Bearbeitungsbetrag von 5000,- DM. Ja, man musste dafür bezahlen, rauszukommen! Ich wurde Anfang Januar 82 entlassen und des Landes verwiesen. Ich verbrachte nur ein Viertel der vorgesehenen Strafe in Haft. Die restliche Zeit sollte mir aber später noch aufgerechnet werden, die deutsche Justiz war da sehr gründlich.

Fazit:

Die Vorzeichen waren denkbar klar gewesen, aber hatte mir das geholfen, eine andere Entscheidung zu treffen?

Manchmal ist es hilfreich, sich sowohl die positiven als auch negativen Konsequenzen auszumalen, und Angst als Warnsignal zu erkennen.

Wenn eine schwierige Lebenssituation eintritt, half mir immer die Routine mit klar strukturierten Abläufen. Wenn möglich, sollte man sich um gutes Essen kümmern, regelmäßige Bewegung in den Tag einbauen und dem Verstand Futter geben. Lesen und Schreiben verhindert unnötiges Grübeln.

6.

Amsterdam – die Sannyas-Commune und -Gemeinschaft

★★★★

Glück im Unglück gehabt! Das Thema „Haschisch und Haftstrafe" war aber noch nicht durch, da ich nicht nach Deutschland zurückkonnte wegen eines offenen Haftbefehls.

Also ging ich nach Holland – wieder ins „Gefängnis", aber dieses Mal freiwillig. Die dortige Sannyas-Commune hatte das alte Amsterdamer Gefängnis als Wohn- und Aktionsprojekt von der Stadt gemietet. Ich konnte dort sofort einziehen mit der Gewissheit einer Einzelzelle.

Die Kosten für Miete und Essen waren gering und ich beglich einen Großteil davon durch das Einbringen meiner Arbeitskraft.

Amsterdam war 1982 eine „Boomstadt" und Jobs über die privaten Arbeitsagenturen waren leicht zu bekommen. Ich arbeitete im Krankenhaus, als Putzmann, als Servicekraft in der Verwaltung und als Aktmodell an der Kunstakademie. Das war der angenehmste Job, ich musste als Nacktmodel nur ruhig sitzen oder stehen. Mit 27 hatte ich einen gut geformten Körper und die voyeuristische Seite in mir lebte auf. Die Bezahlung war bürokratisch exakt und ich bekam für 1,5 Stunden 25,35 Gulden ausbezahlt. Alles an Jobmöglichkeiten wurde in der Anfangsphase ausprobiert, oftmals nur für Stunden oder Tage. Die Atmosphäre in Amsterdam empfand ich als angenehm und versorgend, das Sannyas-Umfeld war unterstützend und man half sich gegenseitig.

Später dann, als ich mich eingelebt hatte, war ich im Verkauf tätig. Wir organisierten Kunstausstellungen in kleineren Städten und Dörfern. Ich verkaufte Kopien von den Ölgemälden Rembrandts und Van Goghs sowie anderer holländischer Altmeister, die in Hongkong wie am Fließband produziert wurden.

An eine Szene kann ich mich noch bestens erinnern. Wir hatten einen Ausstellungstag mit Verkauf an einem Samstag in irgendeinem Dorf im Norden von Holland. Ich machte die Verkaufsausstellung zusammen mit einer guten Freundin. Wir waren ein eingespieltes Team. Wenn wir morgens ankamen und die Ausstellung vorbereiteten, stellten wir zuallererst die Ölbilder im Veranstaltungsraum auf – und damit machten wir einen Volltreffer an diesem Tag. Bei einem der Bilder war die Brille anstatt auf die Nase an den Hinterkopf gemalt worden, was uns beim Auspacken nicht auffiel. Es kam ein Interessent, der dies sofort sah und beanstandete. Verlegen standen wir beim Bild und taten so, als ob wir keine Ahnung hätten, wie das kommt. Der Interessent ging letztendlich verwundert weiter und wir bekamen einem Lachanfall und wechselten das Bild einfach aus, da wir von jedem Motiv mehrere Kopien mithatten. Jetzt kam derselbe Mann nochmals zurück mit seiner Frau und verstand die Welt nicht mehr, denn jetzt saß die Brille richtig.

Wat een grapje, wie die Holländer sagen. Wir hatten unseren Spaß und verdienten gutes Geld.

In der Sannyas-Commune wurde vieles gemeinsam gemacht, es gab immer irgendwelche Gruppenevents mit therapeutischen und meditativen Elementen. Es war eine sehr lebendige, kreative Zeit. Ich war ungebunden und der Hahn im Korb bei den älteren Damen im Sannyas-Club, sprich der Samstagabend-Disco. Die Beziehungen waren unbeschwert und sexuell ausgerichtet. Lust und Liebe sowie Experimentierfreude dominierten im Zeitgeist.

Im Frühjahr 1983 gab es dann das erste große Training in Sachen Bewusstseinsschulung.

Es war das erste Dehypno-Training, das in Europa lief und bei dem man drei Monate lang und 24 Stunden täglich mit allen bekannten Psychomethoden den eigenen Bewusstseinsprozess analysierte und aufarbeitete (*Deconditioning*). Tag und Nacht für drei Monate in einem großen Raum mit etwa 35 Menschen zusammen zu sein, drückte so einige Knöpfe, da man kaum Privatsphäre hatte. Sexuell aktive Paare begaben sich nachts in ein speziell dafür abgetrenntes Feld, um die Ruhe nicht zu stören. Das Trainerteam war sehr gut ausgebildet und es wurden Bewusstseinsdimensionen in sogenannten „geführten Fantasiereisen" erkundet, von denen Menschen sonst nur aus langen Samadhis berichteten. Der leider verstorbene Trainingsleiter Jeru Kabbal (Santosh) entwickelte eigene Verfahren, sogenannte Subliminals, wo nachts mit Tönen auf das Unterbewusstsein harmonisierend Einfluss genommen wurde. Das Ziel war es, zu dekonditionieren, psychischen Ballast abzuwerfen und sich zu befreien. Gerade diese geführten Reisen hatten es mir angetan. Diese sehr feine Arbeit gefiel mir gut und ich kam gestärkt raus aus diesem Training. Ich nahm an einem außergewöhnlichen Experiment teil, dessen Inhalte noch viele Jahre später verwendet wurden.

Neben den Tantra-Kursen war es das Toptraining am Ende von Poona 1. Ich sollte später dann beide Trainings in meiner Seminaragentur in München erfolgreich anbieten.

Als dieses holländische Training vorbei war, zog ich aus dem „Sannyas-Gefängnis" aus und in eine kleinere Sannyas-Gemeinschaft ein. Diese Gruppe lebte in einem besetzten Haus ohne Strom und Heizung. Den Strom arrangierten wir mit dem Nachbarhaus und als Heizung dienten Gasöfen mit Wechselzylinder. Das Haus lag wunderbar zentral am Concertgebouw unweit vom Vondelpark, dem Stadtpark, und es wohnten im Durchschnitt 10 bis 15 Personen im Haus auf vier Ebenen. Es war ein typisches altholländisches enges und hochgezogenes Haus, wo im Unterparterre die Räder abgestellt wurden. Es herrschte eine hohe Fluktuation vor, da immer wieder Durchreisende aus der internationalen Sannyas-Szene bei uns als Gäste abstiegen.

Das Gemeinschaftsleben beschränkte sich auf gemeinsames Abendessen und Hausputz, manchmal wurde auch gemeinsam gearbeitet, falls es gerade Jobs gab und man Geld benötigte. Da die Zimmer eiskalt waren und aus Kostengründen nur zeitlich begrenzt beheizt wurden, hatten wir dicke Bettbezüge und man schlief gerne zu zweit im Bett, um sich zu wärmen.

Es herrschte fast immer ein Ausnahmezustand im Haus, da ständig Gruppenprozesse liefen, irgendjemand ausflippte und auf diese Weise Emotionales ausgebreitet und aufgearbeitet wurde. Es blieb lebendig und ein Sich-raushalten-und-in-sein-Zimmer-verschwinden war in diesen Prozessen nicht so gerne gesehen.

Die Amsterdamer Zeit war sehr abwechslungsreich und verrückt. Wir waren zum Beispiel die Ersten, die Alfalfa-Sprossen zogen und an Geschäfte anboten. Ich verkaufte damals Bioartikel und Sprossen und hatte als Deutscher die holländische Sprache gelernt, wodurch mir die holländische Bevölkerung positiv entgegenkam. Ich besaß ein gelbes Mitsubishi-Stationcar, das ich bis oben hin mit Waren füllen konnte; dann fuhr ich die holländischen Bioläden an. Auf diese Weise lernte ich ganz Holland kennen.

Wenn ich nichts zu tun hatte, lief ich gerne zu Fuß durch die Innenstadt, besuchte die verschiedenen Stadtteile wie den *Jordan* und ging auf die Märkte, wo man alles bekam, was man zum Essen und für das Alltagsleben brauchte. Jeder Stadtteil hatte seine eigenen Märkte, doch am schönsten war es samstags, weil man da immer Freunde traf *voor een Kopje Koffee*. Seitdem liebe ich Kaffee und ich kann mich an den verschiedenen Aromen immer wieder aufs Neue ergötzen. Auch wenn man den Nachmittag bei schönem Wetter im Vondelpark verbrachte, um dort Lifemusik zum Nulltarif zu hören oder Artisten bei ihren Einlagen zu beobachten, war die Welt in Ordnung. Ich kenne keine andere Stadt, die so viele Boutiquen und kleine Geschäfte aufweist wie Amsterdam. Es lebten damals mehr als 100 verschiedene Nationalitäten in der Stadt und es war ein Wirrwarr an bunten Menschen, die hier aus den alten holländischen Kolonien „strandeten". Für Homosexuelle bot Amsterdam verrückte Stätten, wo alle Fantasien kreativ ausgelebt werden konnten.

Übrigens, die Amsterdamer Polizei war sehr freundlich zu mir. Obwohl man mir mitteilte, dass ich in Deutschland einen offenen Haftbefehl hatte, wurde ich nicht wegen eines für Holland geringfügigen Delikts von einem Kilogramm Haschisch an die deutschen Behörden überstellt, sondern ich konnte dort ohne Einschränkungen leben und arbeiten.

Fazit:

Bleibe an den Orten, wo du dich angenommen fühlst, wo die Dinge leicht gehen und es „einfach passt". Tauche ein in dieses Happening der Gegenwärtigkeit, wo es keine Grenzen gibt zwischen Alltag, Beruf und Persönlichem.

Nimm solche Lebensphasen als Geschenk an, erfreue dich daran. Und wenn der Zeitpunkt der Veränderung ansteht, lass sie auch wieder los. Denn nichts hat Bestand in seiner weltlichen Form, man entdeckt sich selbst immer wieder neu und bleibt ein stetiger Wanderer in dieser so bunten Ereigniswelt.

Oder gibt es doch was Beständiges?

7.

Opfer einer Verschwörung

★★★★

Ich hatte leider das Problem, dass mein Pass auslief. Deshalb versuchte ich in Deutschland über einen Anwalt diese offene rechtliche Angelegenheit zu regeln. Ich bekam schließlich grünes Licht und eine Vereinbarung mit der Staatsanwaltschaft schien gefunden zu sein. Mir wurde eine Bewährungsstrafe in Aussicht gestellt. Für nur ein Kilo Haschisch sollte man meinen, dass das selbstverständlich ist.

Also stellte ich mich dem Prozess im Jahr 1985, in dem ich zurück nach München flog. Aufgrund der Aussagen meines Rechtsanwalts war ich positiver Dinge, nur sollte sich das Ganze als Trugschluss herausstellen. Schon das Empfangskomitee am Flughafen deutete auf nichts Gutes hin. Ein LKA-Mitarbeiter legte mir grimmig die Handschellen an, obwohl ich mich selbst stellte und eigentlich keine Fluchtgefahr bestand. Ich blieb aber nur eine Nacht in Haft und wurde dann bis zur Verhandlung freigelassen. So weit, so gut.

Jetzt kommt der Eklat!

Das Gericht legte nämlich den Vorfall in Italien und die offene Angelegenheit in Deutschland zusammen und ich wurde nochmals zu 2,5 Jahren Haft verurteilt.

Das war dann wirklich eine böse Überraschung und ich fühlte mich als Opfer. Mein Anwalt war genauso überrascht davon, entschuldigte sich jedoch nur kopfschüttelnd für das Desaster und stellte mir schnell die Rechnung von 1700,- DM aus. Ich verstehe das Urteil bis heute nicht.

Nochmals so eine Karma-Nummer, und dieses Mal war die deutsche Justiz der Auslöser.

Aber wieder war es Glück im Unglück: Von Anfang an bekam ich eine Einzelzelle. Ich hatte viel Zeit zum Lesen, konnte dort die alten indischen Schriften wie die Bhagavad Gita studieren und regelmäßig meditieren. Ich machte sogar eine bezahlte „Zellenarbeit": Ich schraubte Elektrostecker zusammen, und die Zeit verflog.

Das Essen bekam ich auf einem Essensblech, es wurde zu festen Zeiten verteilt. Das Frühstück war karg, zwei Stück Brot mit Marmelade und ungenießbarer Kaffee. Man konnte sich aber lösliches braunes Gold, sprich Nescafé, kaufen.

Eine angenehme Routine bestimmte den Tagesrhythmus.

Ich war ein mustergültiger Häftling und man gab mir eine

Halbstrafe, sodass ich nach der Anrechnung von Italien nur acht Monate in Haft bleiben musste.

Danach wurde ich auf Bewährung entlassen, ich verließ das Land wieder Richtung Amsterdam. Da ich in Holland immer Arbeit fand, war der dafür benötigte Jobnachweis kein Problem.

Zurück in Holland!

Das Rad der Zeit hat sich jedoch weitergedreht und mein Heimatgefühl bezüglich Amsterdam war verschwunden.

Meine Zeit in Holland näherte sich so langsam dem Ende zu; die Luft war irgendwie raus und der Höhepunkt überschritten. Also zog ich weiter nach London, um dort mein astrologisches Knowhow zu vertiefen und mich neuen Herausforderungen zu stellen.

Fazit:

Eines ist gewiss, man hat nichts in der Hand, um kommendes Unheil abzuwenden. Denn wenn etwas so sein soll, dann trifft einen das Schicksal wie ein Hammer.

Man kann aber immer das Bestmögliche aus jeder Situation machen. Es liegt letztendlich immer an der persönlichen Haltung, wie man mit einer schwierigen Situation zurechtkommt. Diese außergewöhnlichen

Lebenssituationen bringen extreme Spannungsfelder mit sich, wodurch man eine gewisse Meisterschaft erlangt.

Wie heißt es so schön? – „Reite den Tiger." Lass dich drauf ein, ohne in diesem Sog der Ich-Haftigkeit von Aggression, Leiden und Schmerz endlos zu kreisen.

Aber selbst dies geht vorbei!

8.

London – die Ungeliebte & psychologische Astrologie

In den letzten Jahren hatte ich meine astrologischen Selbststudien vertieft und ich wollte nach London, um vor Ort die psychologische Astrologie mit Liz Greene und Howard Sasportas zu studieren. London bot die beste Astrologie-Ausbildung der damaligen Zeit.

Ich blieb neun Monate und arbeitete als Händler von Silber- und Modeschmuck.

Nach dem gemütlichen und überschaubaren Amsterdam empfand ich London als Moloch. Amsterdam ist eine herzliche Stadt und ich hatte gute Freunde dort. London erschien mir als das krasse Gegenteil, ich kam mir dort ziemlich verloren vor. Ich verbrachte die meiste Zeit im öffentlichen Verkehr, lief von Markt zu Markt, um meine Ware loszuwerden. Als Neuling war das eine schwierige und letztendlich fruchtlose Zeit, und London war schon damals extrem teuer. Für ein kleines Zimmer in einer WG zahlte ich umgerechnet 500,- DM.

Ich schnupperte bei der psychologischen Astrologie-Ausbildung rein und fand es sehr anregend, selbst in einer psychotherapeutischen Gruppe mitzumachen. Ich lernte die Psychosynthese kennen und lieben, die viele Ähnlichkeiten mit der Dehypno-Therapie hat.

Liz Greene ist eine fantastische Schriftstellerin, aber weniger gut als Lehrerin. Ich erlebte sie als angespannt und überdreht. Howard Sasportas glich dies aus, indem er mit viel Witz die Lehrinhalte vermittelte.

Bei der Astrologie-Ausbildung gab es einen Frauenüberschuss und ich war mit meinem Sannyas-Hintergrund und den jetzt 31 Jahren ein gern gesehener Gast bei Teepartys. Nur blieb es bei flüchtigen Bekanntschaften. Diese Stadt war einfach nicht mein Platz, eine Geld- und Handelsmetropole. Ich empfand sie als sehr unpersönlich, die Widrigkeiten waren zu deutlich. Ich befand mich hier auf einem verlorenen Posten.

Im Juli 87, als Boris Becker Wimbledon gewann, verließ ich London und kehrte zurück in meine deutsche Heimat. Ich war überaus glücklich, meine bayrische Seele wiederzuentdecken.

Übrigens geht es mir noch heute so, wenn ich am Irschenberg mit dem Auto ins bayrische Voralpenland hinunterfahre und im Hintergrund die Bergkette sehe. Da taucht in mir ein tiefes Heimatempfinden auf, das Gefühl, „nach Hause zu kommen". Nach dem menschlich kalten London freute ich mich auf die liebenswerte bayrische Lebensart.

Fazit:

Alleine die Welt zu erobern, übersteigt schnell die Leistungskraft, speziell wenn man vom Gefühl her nicht genährt wird. Achte immer auf das Setting: Wenn du dich wohlfühlst, gelingt dir vieles viel leichter.

9.

Sannyas & Karriere – Seminarorganisation

Wie sagte es noch Nisargadatta Maharaj, der Beedi Baba aus Bombay? – Das Leben selbst sei der größte Lehrer! Er meinte aber nicht per se die Ehe und Beziehung. Dies hat auch noch nie ein indischer Guru so gesagt.

Die Ehe ist sicherlich eine westliche Erfindung, ebenso westlich sind die Überbewertung der Paar-Thematik und die Idee, in einer solchen Beziehung glücklich zu werden. Ich war mein ganzes Leben lang nur auf Kurzzeitbeziehungen fixiert. Maximal drei Jahre hielt eine Beziehung an und das war gut so.

Als ich von London nach München zurückkam, war es wieder so weit. Ich nahm an einem Reiki-Kurs teil und lernte dort die Reiki-Meisterin kennen und lieben. Ich war von ihr beeindruckt, davon, wie sie so warmherzig ihren Kurs abhielt.

Sie war einige Jahre älter als ich und ein sehr sportlicher und aktiver Typ. Ich besuchte die offenen Reiki-Abende und machte ihr den Hof. Sie lebte gerade in Scheidung und ich bekam den Zuschlag für die nächste Partnerschaftsrunde. Ich zog relativ schnell in diese wunderschöne Seminarstätte ein, die mitten in München gelegen war. Das Haus war gut unterteilt: Im Parterre befanden sich das Büro sowie die Seminarräume und im ersten Stock lagen die Privatzimmer. Mein Aufgabe war die organisatorische Tätigkeit für die Kurse und meine Partnerin lehrte im gesamten deutschsprachigen Raum, auch in Südtirol und Österreich.

Es fanden jedes Wochenende Reiki-Kurse statt.

Wir machten auch wöchentliche Gruppenabende in München zum gemeinsamen Praktizieren. Ich empfand Reiki als eine wunderbare Entspannungstechnik. Wenn man von dem gesamten Marketingbrimborium absieht, dann ist Reiki einfach nur Hände auflegen. Die benutzten Symbole wie zum Beispiel die Spirale gebrauche ich auch heute noch beim Autofahren. Ich habe das Gefühl, dass sich Staus dadurch leichter lösen. Auch beim Parkplatzfinden ist es eine Technik mit schneller Wirkung. Mitte der 80er Jahre florierte diese Selbstheilungsmethode und das Thema „Sinne und Berührung" wurde als Heilungsaspekt aufgegriffen.

Ich baute dann langsam die Organisationtätigkeit aus und es kam der große Block der Skydancing-Tantra-Seminare und -Trainings hinzu.

Das war ein in Europa weitbekanntes Toptraining mit zwei Trainern und vier Assistenten. Es wurde damals von Margo Anand und Aman Schröter geleitet. Das Training verlief in drei Abschnitten von jeweils neun Tagen und zog sich über einem Zeitraum von einem Jahr hin. Eine große Anzahl der Teilnehmer war therapeutisch vorgebildet. Natürlich machte ich das Training, das ich organisiert hatte, auch selbst mit. Eine Belebung der Sinnlichkeit und eine Verfeinerung der Sexualität waren das Ziel.

Es partizipierten meistens um die 50 Teilnehmer. Dabei wurde darauf geachtet, dass das Verhältnis von Männern zu Frauen ausgewogen war. Die Palette an Übungen war sehr breit angelegt und reichte vom Therapeutischen bis zum Spielerischen. Im Rahmen der therapeutischen Übungen bekam man sein eigenes Sexualverhalten analysiert und versuchte zum Beispiel Ablehnungsmuster zu bereinigen. Das Spielerische wiederum ging von einfachen Massagen über die Aktivierung der Sinne mit verschiedenen Gegenständen wie Federn, Tüchern und Kratzbürsten bis hin zu Chakra-Übungen, die man alleine oder zu zweit machen konnte.

Auch außerhalb des Trainings wurde weiter *geübt*. Dazu gab es regelmäßig Gruppentreffen in verschiedenen Regionen Deutschlands. Das Training selbst fand in der Nähe vom Chiemsee statt.

Da ich Veranstalter war, hatte ich eine Sonderstellung. Dadurch öffnete sich für mich der tantrische Raum mit verschiedenen Begegnungen.

Ich genoss diese Zeit und das sexuelle Spektrum erweiterte sich, ekstatische Tantra-Rituale erfüllten meine sinnlichen Bedürfnisse. Ich experimentierte mit legalen Kräutergetränken, den Aphrodisiaka, die die sinnliche Wahrnehmung verfeinerten und so bewusstseinsverändernde Einflüsse hatten. Das Motto lautete: „Intensität und immer wieder Neues probieren."

Ich erinnere mich an das Ritual des Feueratem-Orgasmus, das ich zu Hause mit einer Freundin abhielt. Der Ritualraum, den ich im Wohnzimmer herrichtete, wurde zuerst mit Räucherwerk gereinigt und am Boden legte ich einen leichten Teppich aus, den ich mit Tüchern und Kissen bedeckte. Vor Beginn des Rituals nahmen wir zuerst eine Dusche und jeder band sich als einziges Kleidungsstück ein Tuch um: einen indischen Lunghi. Wir machten die Übung zuerst jeder für sich, indem man sich innerlich ein Bambusrohr vorstellt und dann vom Basischakra beginnend beim Einatmen Energie aktiviert, die man beim Ausatmen zur Erde zurückgibt. Auf diese Art geht man innerlich die sieben Chakren durch und energetisiert somit den Wirbelkanal mittels der Vorstellung des Bambusrohrs. Diesen ersten Vorgang kann man alleine machen. Wenn man fertig ist, lädt man die Partnerin ein, sich im offenen Schneidersitz auf den Schoß zu setzen. Je nach Vertrautsein und Erregungszustand kann man die Partnerin mit dem Vajra (Penis) penetrieren oder es bleiben lassen und den Erregungszustand über den gesamten Körper verteilen.

Dann beginnt der Vorgang von vorne, man atmet im selben Rhythmus die einzelnen Chakren an und verbindet sich dabei mit dem Partner. Sollte man Aphrodisiaka genommen haben, kommt man jetzt sicherlich ins Schwitzen. Der Mann kann zusätzlich noch die PC-Pump gebrauchen, um die Basismuskulatur in Spannung zu halten.

Wir hatten damals „Blindfolds" über den Augen, um die Energie nach innen zu richten. Am Abend, der mir am besten in Erinnerung blieb, bestanden gute Voraussetzungen, da meine Partnerin ein Leichtgewicht war und somit mein Schoß nicht eingedellt wurde. Eine Penetration fand während des Rituals nicht statt, sie war in fester Beziehung, der gemeinsame Atem glitt harmonisch dahin und ein ekstatisches Feld baute sich auf. Wir waren beide sehr erregt und konnten diesen Erregungszustand über das Herz hinaus halten, durch das dritte Auge führen und am Schädel-Chakra wieder freigeben.

Unser gemeinsames Energiefeld brannte lichterloh. Zwar war es dem rein Körperlichen enthoben, wir waren am Ende aber komplett nass geschwitzt.

Wir strahlten uns an und ich empfand eine tiefe Freude.

Als das Ritual beendet war, hingen wir auch nicht mehr gemeinsam aus, sondern verabschiedeten uns mit einer Verbeugung und dem Wissen, einen schönen Abend verbracht zu haben.

Auch machte ich gerne Rituale, wo die Sinne aktiviert werden. Riechen, Tasten, Schmecken und Hören bieten einen kreativen Raum, um bei jemandem, der mit verschlossenen Augen dasitzt, neue, unbekannte Reize zu erzeugen. Dazu nutzt man etwa Bitterschokolade, Pfauenfedern, Stimmgabeln, Kratzbürsten und Veilchenduft. Es geht um die Wiederentdeckung des Sinnlichen, lassen Sie Ihrer Phantasie einfach freien Lauf, wenn Sie mit Ihrem Partner eine Übung machen.

Das Organisieren von Skydancing-Tantra war auch finanziell sehr ergiebig. Ich fuhr damals einen Honda-Sportwagen mit offenem Verdeck und machte viele Reisen. Wie heißt es so schön? – „Sex sells." Einmal nahm sogar eine Edelnutte am Training teil, um ihr Repertoire zu erweitern. Ich weiß von verschiedenen Teilnehmern, dass das erlernte Wissen bestens finanziell vermarktet wurde. Auch der Markt für Tantra-Seminare explodierte in der Zeit, es gab in dem Bereich gute Nachfrage. Nur von einer Werbeversion möchte ich Abstand nehmen: Eine Zeit lang wurde das Training auch als *Königsweg zur Erleuchtung* bezeichnet – ein Marketing-Gag, mehr nicht.

Ich hatte eine sehr gute Zeit mit dem Tantra-Bereich, sowohl persönlich als auch geschäftlich, und schwamm auf einer Erfolgswelle.

Als Nächstes reihten sich noch die Dehypno-Therapie-Seminare und -Trainings in mein Angebot ein. Diese kannte ich bereits aus Holland und auch in Deutschland liefen sie gut.

Mittlerweile war es ein Fulltime-Job geworden und ich richtete mir ein Büro in Schwabing ein mit verschiedenen externen Mitarbeitern.

Die Reiki-Organisation wurde weiterhin fortgeführt, allerdings reduzierte sich diese Arbeit, da das Reiki-Haus im Sommer 1988 geschlossen wurde und sich die Aktivitäten verringerten.

Meine persönliche Beziehung war bereits abgekühlt, der Altersunterschied war einfach zu groß und meine damalige Lebenspartnerin zog in die Schweiz. Sie kam aber weiter zum Unterrichten nach München und wir hielten noch ein bis zwei Jahre Kontakt, ehe sie dann ihre Lehrtätigkeit vor Ort einstellte und jemand anders den Unterricht der Reiki-Kurse in München übernahm. Eine weitere feste, partnerschaftliche Beziehung ergab sich in dieser Phase nicht.

Ich machte mehrere längere Reisen auf der Suche nach neuen spirituellen Angeboten, um mich zu orientieren. Von zweien möchte ich kurz berichten.

Ich lernte während der Organisationszeit eine weise Cherokee-Indianerin kennen, die in Deutschland das sogenannte Peacekeeping-Training anbot. In den USA finden jährliche Treffen statt, wo der „Ältestenrat" zusammenkommt und man als Newcomer und Bleichgesicht in der Natur Übungen machen kann, um so ein Verständnis für die indianische Tradition zu gewinnen. Ich nahm an einem der Treffen teil, empfand das Ganze jedoch mehr als Pfadfinderei und konnte für mich nichts von Bedeutung gewinnen. Am Ende der fünf Tage verliebte ich mich aber in eine US-Amerikanerin und verbrachte mit ihr vier Tage im Auto, wo ich von Vermont bis nach Massachusetts an die Küste fuhr. Ich lernte Hummer zu essen, der dort eine Nationalspeise ist und damals noch spottbillig war.

Außerdem lernte ich das amerikanische Hygieneverhalten kennen, speziell im Intimbereich. Das Badprocedere vorher und naher übertraf bei Weitem die Länge des sexuellen Spiels. Sterilität spielt da eine ausgeprägte Rolle. Dasselbe erfuhr ich viele Jahre später nochmals mit einer US-Amerikanerin als Geliebte. In anderen Kulturen wird spielerischer damit umgegangen. Die Amis haben diesbezüglich einen leichten Schlag! Was für ein prüdes Volk!

Während der Reise durch Neuengland genoss ich die wunderbare frühherbstliche Landschaft mit ihren ausgebreiteten Mischwäldern. Am Ende bedankte ich mich für die reizende Begleitung, war aber froh, im Flieger nach Deutschland zu sitzen.

Die nächste Reise fand während des ersten Irakkriegs 1990 statt. Ich landete genau zu Beginn des Krieges im Februar in Neuseeland.

Der gesamte Aufenthalt stand unter dem Einfluss dieses Krieges, den ich täglich über die Medien mitverfolgte.

Ich mietete mir ein Auto und machte eine Rundreise auf

der Nordinsel Neuseelands. Es gab dort ein Treffen mit dem Maoris, der Höhepunkt sollte aber ein Retreat mit einem indischen Guru sein. Die während des Tantra-Trainings gelernten Chakra-Übungen wurden bei diesem Retreat verfeinert, wobei man die Übungen alleine machte. Dieser indische Guru lebte in Ungarn, doch dieser Meditations-Retreat hatte bei mir keinen aufbauenden Effekt erzielt – vielleicht auch aufgrund des Krieges; es bestand die Angst, dass er sich ausweiten konnte.

Fakt war jedoch, dass ich mich wieder auf die Suche machte. Ich schnupperte in verschiedene spirituelle Richtungen rein und dies sollte „neues Altes" hervorbringen.

Meine Arbeit ging weiter, es überwog noch die Freude am Erfolg. Klar hatte ich dicke Durchhängezeiten, speziell als ich merkte, dass der Organisationsjob mich „auffraß" und keine Vertrauensperson in meinem Leben war. Die Weinflaschen stapelten sich dann mal im Kücheneck. Es war auch die Zeit, wo ich meine Vorliebe zum Malt Whisky entdeckte; das blieb aber ein kurzes Intermezzo. Zum strengen Alkoholkonsum habe ich null Anlagen.

Die sechsjährige Organisationszeit, wo ich viele Kontakte mit Menschen hatte, ging so langsam dem Ende zu. Im Frühjahr 1993 veranstaltete ich noch einen Kongress für Liebe und Partnerschaft mit renommierten Fachvorträgen im Arabella Kongresszentrum München, der aber zu wenig Publikum anzog. Es war die einzige Veranstaltung während meiner

Agenturzeit, mit der ich einen deutlichen Verlust machte.

Die Zeichen der Zeit waren klar ersichtlich. Die Luft war raus aus dieser Managementtätigkeit und ich schloss schließlich meine Agentur.

Ab 1993 kam wieder der große Indientreck und dieser wurde zu einer echten sexuellen Abstinenznummer, das Pendel sollte wieder in die andere Seite ausschlagen.

„No love – no sex." lautete mein neues Motto. Es war ein mönchisches Dasein.

Die spirituelle Suche erreichte in dieser Lebensphase ihren absoluten Höhepunkt.

Der sinnliche Aspekt verschwand im Hintergrund und verlor an Bedeutung. Erst als dann Papaji starb und das Zusammensein mit den anderen Gurus ausklang, fiel der Partnerschaftsapfel wieder vom Baum.

Ich war dann 47 Jahre alt. Dazu später.

Fazit:

Genieße deinen Erfolg. Finanzieller Reichtum beschert sinnliche Freuden und bringt Zeiten des Genusses. „Eintauchen und Fülle leben" lautet das Motto.

Es ist eine Kunst, im rechten Moment die Ausgangstür zu finden. Abnehmende Freude und Erschöpfung sind Zeichen für eine Veränderung. Auch die Abhängigkeit – also der Gedanke, ohne das Erlangte nicht leben zu können – ist ein Merkmal von zu starker Gebundenheit und Identifikation. Oft merkt man, wie man plötzlich das Interesse verliert, der Erfolg zur Last wird und unfrei macht in wichtigen Entscheidungen.

Es gilt immer wieder zu überprüfen, inwieweit man sich abhängig macht vom materiellen Wohlstand. Zugleich muss man das finden, wo wahre Freude und Glückseligkeit unabhängig sind von äußeren Gegebenheiten.

Die Zeichen der Zeit zu erkennen, bleibt eine Kunst. Und manchmal muss man auch weiter ausharren, bis sich eine Erneuerung bietet. Ein wenig Geduld mit sich selbst hilft dabei.

10.

Altes Indien – Fluch und Segen

★★★★

Meine Liebe zu Indien begann mit der Faszination für das Außergewöhnliche, die mich als Jugendlicher streifte, indem ich ehrfurchtsvoll die ersten Freaks vom Asien zurückkommen sah. Es entstand in mir eine unbeschreibliche Sehnsucht nach dem Andersartigen, dem Besonderen, das nur in der Ferne zu finden war. Dazu kamen die Bücher: Neben Hermann Hesse und Yogananda waren es die Meister des Fernen Ostens sowie die Bhagavad Gita. Und schon sehr früh gefielen mir die Hare-Krishna-Gesänge in unterschiedlichsten Variationen. Georg Harrison von den Beatles war ein Anhänger dieser spirituellen Lebensform und ihrer Musik – er machte sich mit seinen Songs unsterblich.

Die Zeit, die ich in Poona von Oktober 1979 bis Juni 1981 verbrachte, war das Willkommensfest für mich im alten Indien. Osho, Bhagwan Shree Rajneesh, dieser große Philosoph und Lehrer, bereitete mir den Weg, um tiefer einzutauchen in diese indische Magie. Wie kann man sie beschreiben? Indien tickt einfach anders. Es ist im höchsten Maße irrational und gerade deshalb ist es so lebendig. Jeden normalen Westler treibt dies zum Wahnsinn. Allein Zugreisen sind das Nonplusultra einer Herausforderung. Ich bin Tausende Kilometer mit Zügen und auch Bussen gefahren, ich habe nie erlebt, dass ein Intercity pünktlich war. Das indische Bahnnetz ist neben dem russischen das größte der Welt. Ganz Indien reist im Zug, oftmals mehrere Generationen zusammen mit ihren Bediensteten. An jeder Station steigen Händler ein und aus, es ist wie auf einem Jahrmarkt. Im klimatisierten Abteil – wenn die Klimaanlage geht – friert man sich zu Tode. Wenn man ein Abteil mit indischen Mitreisenden teilt, kann man sicher sein, sich die Lebensgeschichten ganzer Generationen anzuhören; und es wird erwartet, selbst rege zur Unterhaltung beizusteuern. Der Inder ist sehr gastfreundlich, wenn man sich zu benehmen weiß und die Regeln einhält, die leider vielen Touristen unbekannt sind.

Für das Reisen macht man am besten keinen Zeitplan und erhöht seine soziale Toleranzschwelle. Seitdem nun der Mittelklasse-Inder auch ein Auto haben möchte und der Autoabsatz explodiert, hat das Chaos sich weiter erhöht. Das Auto ist ein reines Statussymbol, denn man braucht damit mehr Zeit als mit den öffentlichen Verkehrsmitteln. Außerdem liegt Indien bei der Luftverschmutzung weltweit an erster Stelle. Ich brauche nachmittags sowohl eine Atemmaske als auch das Cortisonspray, um hier gesund zu überleben. Mittlerweile ist die indische Bevölkerung auf 1,3 Milliarden Menschen angewachsen, es ist die größte Demokratie der Erde!

Nordindien und das tibetische Hochland sind zusammen die religiöse Wiege der Menschheit, wo Hinduismus, Buddhismus, Jainismus und Naturreligionen entstanden sind. Seit Jahrtausenden werden an bestimmten Plätzen Rituale, Gebete, religiöse Gesänge und Meditationen abgehalten. Entlang des Ganges liegen viele dieser Orte.

Aus biografischen Gründen möchte ich Ihnen nur das von mir Erfahrene näher bringen, alles andere lässt sich im Reiseführer nachlesen beziehungsweise im World Wide Web finden.

Ich schloss also im Sommer 1993 meine Seminaragentur, packte wieder meine sieben Sachen zusammen und zog gen Osten; Lucknow mit Poonjaji war die erste Station. Lucknow ist die Landeshauptstadt von Uttar Pradesh mit mehr als fünf Millionen Einwohnern. In den letzten Jahren entstanden große Prachtbauten. Als ich im Herbst 2010 nochmals da war, wurde mir wieder offenbar, dass die Umweltbedingungen sich weiter verschlechtert haben. Der Smog ab Spätnachmittag ist zu 100 Prozent gesundheitsschädigend, die Lungenkrankheiten stehen an der Spitze der Statistik in U.P. So schön sich der Name LUCK NOW auch anhört, die Stadt ist hässlich und man sollte einen weiten Bogen um sie machen. Aber der Grund meines Dortseins war Poonjaji! Dazu später.

Im Oktober 93 landete ich in Rishikesh, was einen

wunderbaren Ausgleich zu Lucknow bot und nur einen Nachtzug davon entfernt war. Ich lebte auch hier phasenweise bis ins Jahr 97. In Rishikesh verlässt die Ganga gerade das bergige Hochland, sie liegt noch in einem engen Tal, 150 bis 200 Meter breit. Die Städte Rishikesh und Haridvar, 30 Kilometer stromabwärts gelegen, sind die Ausgangspunkte für die Trecks ins Himalaya-Gebiet. Seit ewigen Zeiten sind diese Orte auch Treffpunkte für die Yogis und Sadhus, die nach ihren Retreats in den Bergen ins Flachland zurückkehren beziehungsweise dorthin verschwinden. Die Orte sind voll mit unzähligen Ashrams, die verschiedenen Traditionen angehören. Auch gibt es zwei Hängebrücken (sogenannte Jhula), die über den Ganges gespannt sind und über die sich die Masse an Pilgern und Motorrädern täglich schindet.

Die Gegend an der Ram Jhula in Rishikesh bildet das Hatha-Yoga-Zentrum Nordindiens. Laxmanjhula liegt drei Kilometer stromaufwärts und ist gemütlicher. Dort befindet sich auch der Satchadam Ashram, in dem ich Zeiten der Stille verbrachte. Hans Raj, oder auch Maharaji genannt, stand dem Ashram bis Oktober 2011 vor, als er verstarb. Er war ein traditioneller Guru, ganz im Gegenteil zu Poonjaji, dem Gyani und Advaita-Lehrer. Es wurden traditionelle Hindu-Rituale im Ashram zelebriert. Er selbst saß fast den ganzen Tag in seiner kleinen Kammer, wo er betete, meditierte, schlief und Menschen empfing. Ich meditierte zusammen mit anderen westlichen Besuchern auf der Veranda draußen in unmittelbarer Nähe zu ihm, nur durch eine Wand getrennt. Die Atmosphäre war durchdringend *still*, oftmals saß ich viele

Stunden da, schaute auf die Ganga und verschwand dabei im Nichtstun. Natürlich raste dabei zwischendurch der *Mind* und kreierte alle möglichen Schauermärchen und Fantasielandschaften. Es waren Zustände, wo das Unbewusste nach außen gekehrt wird.

Ich lernte in dieser Zeit auch, das GAYATRI MANTRA zu rezitieren, das unter anderem einen stark reinigenden Effekt hat. Ein Mantra, das optimal zur Friedensarbeit dient. Das GAYATRI MANTRA besteht aus einem vierzeiligen Vers:

Om Bhur Buvah svaha

Thath savithur varenyam

Bhargo devasya dhimahi

Dhiyo yonah prachodayat.

Ich rezitierte es regelmäßig und gebrauche es auch heute noch, wenn größere Katastrophen in der Welt geschehen. Im Internet findet man gute Aufnahmen und Erklärungen dazu.

Zu dieser Zeit, Anfang der 90er Jahre, waren kaum westliche Schüler anwesend. Nur langsam wurde Maharaji auch im Westen bekannt, vor allem durch seine amerikanische Schülerin, der Shantimayi. Er selbst hatte aber lediglich eine große indische Anhängerschaft, die täglich ihre Probleme und Bitten vortrug. Maharaji war öfters ein wenig frustriert darüber, dass es bei seinen indischen Schülern sehr selten um spirituelle Belange ging, sondern hauptsächlich um praktischen Rat und Segen.

Die Wintermonate in Rishikesh waren stille und sehr kalte Zeiten. Es gab kaum Touristen, man blieb unter sich. Die Temperaturen erreichten schon mal 0 Grad und Heizlüfter waren Mangelware oder kapitulierten aufgrund zu langer Laufzeiten und Schwankungen im E-Netz. Die Sonne kam erst so gegen zehn Uhr über die Berge. Eingewickelt bis zur Haarspitze mit dicker Decke und Schal, einem bis zwei Pullis, Mütze und Handschuhen saß ich am Morgen ab sieben Uhr auf der windigen Veranda und hoffte sehnsüchtig, dass es wärmer wird und dies dem körperlichen Leiden ein Ende bereitet. Zwischen den Schülern war immer eine Konkurrenz da um die guten Plätze an der schützenden Mauer. Speziell die Frauen hatten alle Tricks drauf, um sich die besten Plätze zu reservieren, und wehe, man setzte sich dann dort hin! Das war immer wieder Anlass zum Heiligen Krieg mit bissigen Kommentaren und *Encounter*-Situationen.

Schüler eines Gurus sind oftmals geschädigte Kreaturen mit einem ausgeprägten Mangelbewusstsein. Und diese Seite tritt in der Gegenwart eines Gurus noch deutlicher zum Vorschein. Ich erlebte dies bei allen Lehrern mit ihren Schülern. Das Dunkle und Schräge im menschlichen Bewusstsein kommen vehement zum Ausdruck. Das ist ja auch der Sinn des Zusammenseins mit dem Guru, es bricht starre Persönlichkeitsmuster auf, um so tiefer einzutauchen in das, was man in

Wahrheit ist.

In der Zeit von 1994 bis 1997 studierte ich intensiv die alten Schriften von Nisargadatta Maharaj, dem Beedi Baba aus Bombay, dessen Erkenntnisfeuer bis zur Ewigkeit in seinen Worten gebündelt bleibt, und den ich im Geiste wie keinen Zweiten verehre. Das Buch „I AM THAT" war meine Bibel. Ich schlief mit seinen Büchern unterm Kopfkissen, immer in der Hoffnung, dass nichts von mir, diesem Dummschwätzer, übrig bleibt und ein erleuchtender Blitz MICH trifft.

Zwischendurch landeten diese heiligen Schriften in Wutausbrüchen halb zerfetzt an der Wand, als es wieder einmal offensichtlich war, dass Roman niemals erleuchtet werden kann und das Ich-Stehaufmännchen weiter seine Kreise zieht. Übrigens empfehle hierzu, die englische Ausgabe zu lesen, die ist einfach besser als die deutsche Übersetzung.

Bei mir erzeugte diese Lebensphase einen alles durchdringenden Erkenntniswunsch im Tandem mit einer tiefen Verzweiflung und Hoffnungslosigkeit. Nur dieser geschützte Raum in der Gegenwart der Meister machte dies möglich und verhinderte zugleich, dass ich wahnsinnig wurde.

Innerhalb von Rishikesh wohnte ich gerne im Sant Sewa Ashram, gegenüber vom Sacha Dam Ashram. Damals war der Ashram noch nicht ausgebaut, und mein Zimmer lag, von einer Terrasse umgeben, direkt an der Ganga mit Blick auf das Wasser. Im Winter pfeift ein eiskalter Wind vom Berg kommend durch das Tal. Im Dezember wickelte ich mich in voller Kleidungsmontur mit Socken und langer Unterhose in meinen Schlafsack ein und hatte noch zwei dicke Wolldecken darüber. Da der Strom meistens ausfiel, hatte ich immer Taschenlampe und Kerze griffbereit. Es konnte noch so kalt sein, ich setzte mich gerne auf die Terrasse und bewunderte das endlose Strömen der Ganga. Ein Hauch von Zeitlosigkeit streifte mich dabei.

Rishikesh verkörpert für mich das alte Indien. Abseits von den Touristen in den Hügeln und Bergen ist die Natur so lebendig, Papageie und Affen sind überall präsent. An der Ganga entlang findet man im oberen Flussbereich viele Strände, wo man sich dem Nichtstun, dem Yoga und der Meditation hingeben kann oder kurz in den Fluss eintauchen kann.

Es gibt auch im Winter eine größere Anzahl von Restaurants, wo indische und westliche Speisen serviert werden. Die Auswahl ist umfangreich. Eine *German Bakery* bietet mit Croissants, reichhaltiger Brotauswahl und gutem Filtercafé ein sattes Frühstück an; und natürlich finden sich in vielen Essbuden italienische und chinesische Gerichte. Indien hat sich den globalen Essensgepflogenheiten angepasst. Wer aber wie ich das indische Standardgericht, das Thali, schätzt, kann immer noch günstig über die Runden kommen.

Heutzutage ist die indische Jugend in Schlauchbooten unterwegs und macht *Waterrafting*. In ihren Schlauchbooten sitzend, paddeln die jungen Leute in voller Schwimmmontur und jubeln einem mit Begeisterung zu. Für mich ist dieser Anblick gewöhnungsbedürftig.

Das sogenannte „moderne Indien" ist eine ständige Lärmbelästigung, von Stille keine Spur. Ob Norden und Süden, macht da keinen Unterschied; an der Spitze des Lärms stehen aber die Metropolen.

Im Ramana Ashram in Südindien klingeln die Mobiltelefone im Minutentakt. Man lernt dabei abzuschalten oder sucht sich eine ruhige Höhle irgendwo am Berg, dem Arunachala. Handyverbote bewirken jedenfalls wenig. Die Inder sind laut, besonders in der Gruppe, und gegen Lärmbelästigung immun. Oropax ist ein Muss auf jeder Reiseliste.

Das alte Indien spiegelt sich im Allgegenwärtigsein der Sadhus wider. Das sind die orange gekleideten Menschen, die man im ganzen Lande antrifft und von denen manch einer magisch erscheinende Fähigkeiten entwickelt hat; andere dagegen sind nur Bettler. Also gut hinschauen, der Schein trügt gerne!

Als ich dies schreibe, klopft gerade ein Freund bei mir an und fragt, ob ich eine Heilsitzung haben möchte von einem Sufi Baba, der auch Regenmacher ist und – wie er sagt – ab und zu Wunder erzeugt, etwa einen Geldgewinn bewirkt oder einen Kinderwunsch erfüllt. Er betont aber auch, dass er damit sehr behutsam umgeht. Ich nahm eine Sitzung, die etwa 10 bis 15 Minuten dauerte und mich zentrierte. Ich konnte danach sogar gut einschlafen, was bei mir selten der Fall ist.

Es war aber nicht spektakulär. Die Existenz dieser „Wunder" machenden Babas ist etwas ganz Normales und Teil des alten Indiens. In meiner Gegenwart spielte er übrigens den Wettermann und innerhalb von Minuten formierten sich am freien Himmel dichte Wolken – was mich wiederum beeindruckte.

Was ich in Indien oft erfahren habe, ist folgende Begebenheit:

Wenn ich mich an einer bestimmten Sache festbeiße und mich gedanklich etwas nicht loslässt, kommen die Lösungen in Indien meistens auf eine ungewöhnliche und unerwartete Art und Weise.

Wenn es etwas Schwerwiegendes und emotional Ausgeprägtes ist, kann es sich auch wochenlang hinziehen. Das Thema frisst sich in mir zwanghaft fest bis zur totalen Erschöpfung. Dieser Zustand dauert so lange an, bis sich das Bedrückende mit einem Ereignis klärt oder sich ausleiert, ohne dass etwas Spezielles passiert ist. Es fühlt sich an wie ein schlechter Traum, der nicht enden will und wo man plötzlich erschöpft davon aufwacht und sich wie neugeboren fühlt. Ist das Thema aber „kopfig", dann löst es sich relativ schnell auf. Diese hohe Intensität erlebe ich speziell in Indien, wo der Kontakt zum Unbewussten sehr eng ist.

Fazit:

Drängendes findet immer eine Lösung, meistens eine andere als erwartet. Man spürt aber, wenn sich ein

Thema ausgeleiert hat. Das innere Toben, diese mentale Zwanghaftigkeit, hat sich verabschiedet und anstelle dessen tritt das Empfinden von leerem Raum und Freiheit. Achte auf deinen Schutz und die Gesundheit, wenn du intensive spirituelle Erfahrungen machst.

Und weiter geht's!

Während meiner zweiten langen Indienphase, speziell in den Jahren 1993 bis 1997, war ich auch mit der Rolle des Außenseiters konfrontiert, indem ich meine Zeit bei zwei Lehrern zugleich verbrachte.

Einerseits war ich in Lucknow bei Papaji, anderseits in Rishikesh bei Maharaji. Ich persönlich hatte damit keinen Konflikt, für mich glitt eins ins andere über – auch wenn Maharaji mir im Laufe der Zeit deutlich machte, dass ich mich für einen Lehrer entscheiden sollte.

Diese Haltung ist ja in spirituellen Kreisen tabu.

Ich erinnere mich an eine Gegebenheit, die dieses Phänomen beschreibt: Ich meditierte in Rishikesh, es war ein Winter-Retreat und nach einigen Wochen begann ich „auszutrocknen". Maharaji gab mir null Aufmerksamkeit, es war eiskalt, innen wie außen, und die Meditationen spülten negative Empfindungen an die Oberfläche. Ich saß und saß da, total missachtet und oftmals der Verzweiflung nahe. Irgendwann war es dann einfach genug, ich floh in einem Nachtzug zurück nach Lucknow, wo ich auch ein Zimmer hatte. Ich kam am Morgen zum Satsang dort an. Nach einer kurzen Satsang-Sequenz traten Musiker auf, die gerade auf Durchreise waren nach Vrindhavan, zu Krishnas heiliger Wirkungsstätte. Es waren drei Hare-Krishna-Devotees. Sie sangen so herzgreifend und wunderschön, dass ich den ganzen Satsang über nur weinte, es schüttelte mich regelrecht. Als ob sich ein Druck vom Herzen löste. Der ganze Raum war in Liebe getaucht und mein Herz pulsierte im universellen Takt. Dazu kommt mir der Beatles-Song „All you need is love!" in den Sinn.

Im Anschluss an diesen Herzwärmer waren dann in den nächsten Wochen die intensivsten Teachings mit Papaji ange-sagt, in denen er auch die alten Schriften kommentierte. Für mich waren beide Lehrer, die zwei Seiten einer Medaille, nicht voneinander getrennt.

Als dann Master im September 97 an Krishnas Geburtstag verstarb, ging auch meine Verbindung mit Maharaji zu Ende … aber das ist eine ganz andere Geschichte.

Diese Lebensphase hatte eine sehr hohe Intensität gehabt. Ich fühlte mich in Indien wie in einem Durchlauferhitzer. Ich verbrachte im Westen die Zeit damit, mir in den Sommermo-naten Geld zu verdienen, um dann wieder gen Osten aufzubrechen. Es war eine instabile, lebendige und einfach verrückte Zeit. Ich wurde getragen von diesem Gefühl, mei-nen letzten Wünschen auf der Spur zu sein.

Man braucht diesen brennenden Wunsch nach Freiheit, wie Papaji sagte, um der Frage „Wer bin ich?" auf den Grund zu gehen. Dies ist die treibende Kraft dahinter.

Wie so oft in meinem Leben reduzierte sich mein Budget auf ein Minimum. Vermeintliche Sicherheiten wurden mir schnell genommen, indem das Finanzamt eine unerwartete Umsatzsteuer-Nachforderung stellte und ich einem Immobilienbetrüger auf den Leim ging. Alle meine Ersparnisse, die fünf bis sechs Jahre reichen sollten, waren innerhalb von 18 Monaten futsch. Diese existentiellen Probleme erreichten mich aber nicht im Kern. Der tiefe Wunsch nach Freiheit, dieser Drang zur Erkenntnis, gepaart mit dem Vertrauen und der Verbundenheit zum Göttlichen in Form meiner Lehrer, bestimmte meine Lebensausrichtung.

Es war ein einziges Verbrennen, ein Stehen im Feuer ...

Ich konnte auch nirgendwo lange bleiben und brauchte den Ortswechsel. Im Westen waren meine Anlaufstellen München und Amsterdam.

In München hatte ich meine alten Kontakte, wo ich von April bis September auch Arbeit fand, wenn ich wieder in Europa war. Ich arbeitete für einen Freund im Messeveranstaltungsbereich. Er zog gerade eine neue Messe hoch und ich half ihm bei der Akquise. Persönliche Anschreiben an deutsche und internationale Interessenten verschicken, Telefonieren, über Messeinhalte aufklären und etwas buchen waren dabei die Hauptaufgaben. Die Messe sollte ein voller Erfolg werden und es hatte Spaß gemacht, in dem kleinen Team zu arbeiten. Für mich war es ungewohnt, da ich nicht das Sagen hatte, sondern als Freelancer für einen bestimmten Arbeitsbereich zeitlich begrenzt zuständig war.

Das führte auch zu Spannungen, da ich meine Arbeitskraft günstig verkaufte und Druck hatte, das Geld für die nächste Reise zu organisieren. Der Lebenspuls schlug hoch und es war nicht die Zeit zu taktieren, sondern in Aktion zu bleiben.

Amsterdam bildete schließlich den Ausgangspunkt für das Ende dieser Hochfrequenzzeit.

Ich war im Juni 97 aus Indien abgereist, um dem indischen Monsun zu entfliehen. Ich lebte bei einer Freundin in Amsterdam und machte Astrologie-Sitzungen in einem New-Age-Buchladen, als Ende August die Nachricht kam, dass Papaji krank sei und ins Krankenhaus eingeliefert wurde. Die Nachrichten zum Gesundheitszustand von Papaji wurden immer dramatischer. Ich verspürte den Drang, so schnell wie möglich wieder nach Indien zu reisen. Als ich dann mit einem Freund zusammen den nächstmöglichen Flug buchte, lag ich nachts vor der Abreise hellwach auf meiner Matratze und Papaji *erschien leibhaftig in meinem Zimmer.* Ich sah ihn in seiner Kontur und er sagte „YOU COME NOW!" Ich war total von den Socken und machte die ganze Nacht kein Auge zu. Aber er war da!

Ich eilte am nächsten Morgen zum Flughafen Schipol, wir hatten einen Flug bei der Turkish Airline mit Zwischenstopp in Istanbul gebucht. Dort riefen wir wieder in Lucknow an und erhielten die Nachricht, dass Papaji letzte Nacht gestorben war. Er wurde gerade im Satsang Bhavan aufgebahrt und sollte am späten Vormittag zur Verbrennungsstätte gebracht werden.

Ich weiß noch genau, in welchem Zustand ich war, als ich die Nachricht erhielt. Ich dachte, man hatte mir gerade die Luft rausgelassen! Ich glitt in eine Schockstarre ab, funktionierte aber weiter, was bei einem Flug sowieso nichts bedeutete.

Als wir schließlich am späten Morgen in Lucknow ankamen, fuhren wir direkt vom Flughafen zur Verbrennungsstätte. Es war nur eine kleine Zahl von Schülern präsent, vielleicht 40 bis 50. Master wurde gerade am Verbrennungsplatz aufgebahrt und mit Holz und Dungfladen zugedeckt. Alles war sehr einfach gehalten.

Es lief wie in Trance für mich ab. Ein Freund schob mich nach vorne, denn alle drängten sich, um nahe an Masters Körper zu sein. Meine Hände berührten irgendwo seinen Körper und verweilten da, ich betrachte das aufgedunsene Gesicht, das mir irgendwie unwirklich erschien, bis ich weitergeschoben wurde und am Rande der Stätte Platz nahm.

Der Verbrennungsplatz lag am Fluss. Er war indisch dreckig und staubig, alles andere als schön. Ich war so erschöpft von dieser Hauruckaktion, dass ich mich kaum noch an die Details der Verbrennung erinnere. Ich hatte zwei Tage nicht geschlafen, die Hitze des Feuers war unerträglich. Das Knacken der Knochen und des Kopfes war ein Urton, der die Vergänglichkeit dieser körperlichen Form untermauerte und mich erschreckte. Schwarze Asche, Schweiß, totale Erschöpfung, Musik und Gesänge glitten in den Hintergrund ab.

Ich blieb einige Stunden wie benommen am Feuer sitzen, bis ich nicht mehr konnte und irgendwo mitfuhr und in einem Bett unterkam. Am nächsten Morgen, als die Asche abgekühlt war, durfte jeder eine Handvoll davon mitnehmen. Manche versorgten sogar abwesende Freunde damit, es reichte irgendwie für alle.

Die Asche eines Gyanis ist heilig, sie ist mächtig. Ich trug sie immer bei mir am Körper und nahm sie mit auf meinen Reisen. Sie war für mich sowohl Schutz als auch Hilfsmittel zur Besinnung.

In Indien ist man bei einer Verbrennung mit dabei und die menschlichen Knochenreste und die Asche bewahrt man in einem geweihten Spezialbehälter auf. Bei Master kam noch hinzu, dass ein Teil der Asche und der Knochen in Haridvar an einem speziell dafür angedachten Platz der Ganga übergeben wurde.

Haridvar ist eine der vier heiligen Städte Indiens, wo im Abstand von zwölf Jahren eine *Kumbha Mela* stattfindet. Ein spirituelles Fest, das einige Wochen andauert und wo bis zu 40 Millionen Menschen ein Bad im Ganges nehmen, um sich zu reinigen.

Poonjaji liebte diesen Ort und verbrachte dort seit seiner Kindheit regelmäßig Zeit. Man findet in Haridvar kaum westliche Touristen, es ist eins der großen Hindu-Zentren. Für uns war dies ein besonderes Gruppenevent, zu dem wir gemeinsam mit dem Zug von Lucknow aus hinfuhren.

Papajis Sohn Surendraji und ein Hindupriester übergaben in einem speziellen Ritual die Überreste der Ganga. Wir standen teilweise bis zum Bauch im vorbeiströmenden Fluss und jeder, der mochte, nahm einen Knochenteil und übergab ihn dem Wasser. Dies waren sehr bewegende, feierliche und auch ausgelassene Momente. Mich hat das zutiefst beeindruckt und es war eines der bedeutendsten Ereignisse in meinem Leben, den Prozess mit anzusehen, wie ein Mensch aus Leib und Knochen, den ich liebte, zur Asche wird und dann für immer im Strom verschwindet. Master hatte mich nicht umsonst gerufen.

Von Haridvar aus reiste ich ins nahe liegende Rishikesh, um Maharaji zu besuchen. Ich erzählte ihm die Geschichte von Poonjaji und er lud mich ein, bei ihm in seiner Gegenwart zu bleiben. Irgendetwas in mir wollte jedoch nicht und ich reiste ab.

Dies war das letzte Mal, dass ich ihn aufsuchte. Dieses Kapitel war zusammen mit dem von Masters Mahasamadhi beendet. Warum? Ich habe es nie verstanden, es war einfach so.

Fazit:

Der brennende Wunsch nach Freiheit macht ein
Leben scheinbar haltlos und stellt alles auf den Kopf.

Keine Sorge – eine weitaus größere Kraft wird zum
Kapitän und übernimmt das Steuer. Das heißt aber
nicht, dass das Leben deswegen einfacher wird. Die
erwachten Dämonen, die aus dem persönlichen Urgrund
aufsteigen, wollen versorgt sein und stellen die
Hindernisse auf dem Weg zur Befreiung dar.

11.

„Don't teach before you have realised" oder „Klappe halten"

Dies ist eine andere Geschichte, die mit Papaji zusammen-hängt, der mich diesbezüglich eindringlich warnte, nachdem ich mehrmals damit auf die Nase fiel. Es war einer der Leit-sätze, den mir mein Lehrer Poonjaji mitgab.

Wie kam es dazu?

Ich erinnere mich noch daran, dass wir zusammen beim Essen saßen in seinem Wohnzimmer in Lucknow. Es waren vielleicht 20 bis 25 Besucher anwesend. Ich saß zusammen mit Master am Esstisch, was etwas Besonderes für mich war und nicht oft vorkam. Er wollte es aber so. Als ich zur Tür reinkam, lud er mich dazu mit einer Geste ein. Irgendwann nach dem Essen schaute er mich an und sagte mit Nachdruck, ohne dass ich irgendetwas von ihm wollte oder ihn angespro-chen hatte:

Don't teach before you have realized.

Diese Aussage fühlte sich an wie ein Hammerschlag auf den Kopf. Auf gut Deutsch ausgedrückt, sagte er mir: „ Halt's Maul, bevor du irgendeinen Schwachsinn verzapfst!" Er verbot mir einfach, zu lehren. Ich reiche diesen Rat gerne weiter an die Masse der spirituellen westlichen Lehrer, die einfach nur hirntoten Blödsinn verzapfen, nur weil sie vielleicht einmal ein „Aha-Erlebnis" hatten.

Erst viele Jahre später, nachdem ich seine wohlgemeinte Anweisung einmal missachtete und einen Vortrag über die alten Lehrer Indiens hielt und dabei ein Debakel mit Polizeieinsatz erlebte, erkannte ich den Schutzcharakter seiner Aussage.

Ich hatte mein ganzes Leben lang die Möglichkeit, verschiedene spirituelle Inhalte aus den Bereichen Meditation und Yoga sowie geistige Heilung und Tantra zu unterrichten, da ich Leiter einer großen Seminarorganisation in München war.

Immer gab es dabei aber scheinbar unüberwindbare Hindernisse und falls ich es mit aller Macht dennoch versuchte, entwickelten sich negative Reaktionen.

Fazit:

Bei außergewöhnlichen spirituellen Erfahrungen erstmal abwarten, Tee trinken und Klappe halten. Zwölf

Jahre waren früher der Maßstab, die man schweigend zu Füßen des Lehrers verbringen sollte, wenn sich ein sogenanntes Erleuchtungserlebnis aufdrängte. Ich denke, das ist mehr denn je gültig in einer Zeit, wo jeder ein bekannter Star sein möchte und viele versuchen, sich öffentlich zu profilieren.

Persönlich habe ich in den letzten Jahren eine Distanz zur westlichen geprägten spirituellen Szene entwickelt, welche mir zu oberflächlich erscheint und die unfähig ist, ihren Intellekt zu gebrauchen. Mein Zuhause war und ist immer noch das alte Indien, wo die spirituelle Substanz in Jahrtausenden gewachsen ist.

Als Nächstes möchte ich tiefer meinen alten Lehrer Poonjaji vorstellen und wie sich das Treffen mit ihm entfaltete.

12.

Masters Botschaft

– JUST BE QUIET

★★★★

Nach all den sehr westlich geprägten indischen Gurus schien endlich die Zeit gekommen zu sein, um dem alten Wissen der Mysterienschulen Indiens auf die Spur zu kommen.

1991 hörte ich plötzlich, dass einem alten holländischen Freund seine Selbstrealisation von einem mir damals noch unbekannten Gyani (Seinslehrer, Wissenden) aus Lucknow, Nordindien U.P., bestätigt wurde. Diese Nachricht verbreitete sich wie ein Lauffeuer. In dieser Phase leitete ich gerade erfolgreich eine Seminaragentur in München und fühlte mich bereits ausgebrannt von dieser Managementaufgabe. Ich wurde hellhörig, als mich diese Information streifte, denn immer weniger erfüllten mich meine beruflichen Erfolge. Spirituell herrschte Stillstand, das Kapitel „Osho" hatte ich hinter mir gelassen. Ich befand mich spirituell in der Neuorientierung. Ich war dafür in Neuseeland bei einem indischen Lehrer und anschließend bei den nordamerikanischen Cherokee-Indianern gewesen, ohne jedoch besonderen Input dabei erhalten zu haben. Es gärte!

Im Dezember 1992 machte ich mich dann auf den Weg zu diesem mir total unbekannten Lucknow. Als ich in Delhi am 6. Dezember ankam, gab es Unruhen zwischen Muslimen und Hindus. Super, dachte ich mir. Ich kaufte mir eine kleine Flasche Whisky und kam aufgebracht, aber heiter im Hotel in Lucknow an.

Poonjaji gab mir am nächsten Tag einen Darshan, eine persönliche kurze Begrüßung, und er kümmerte sich auch darum, dass ich in der Nähe des Satsang Bhavans untergebracht wurde. Eine schöne Geste, ich freute mich darüber.

Es lief gerade der große Treck von Poona, Osho war vor Kurzem gestorben und einige Neo-Sannyasins, Schüler von Osho, orientierten sich neu. Täglich reisten neue Sannyasins an und blieben zu den Satsangs mit Poonjaji. Dieses Setting begann mit einigen Minuten Stille. Schließlich beendete es Poonjaji mit den Worten: „Let there be peace and love around all beings of the universe, omshanti shanti shanti." Dann begann die Frage-Antwort-Runde mit spirituellen Fragen, wo jeder vortreten konnte, sich vor Master hinsetzte und die Fragen beantwortet wurden, die man vorher eingereicht hatte.

In der Regel dauerte der Satsang 1,5 bis 2 Stunden, wo

viele der Besucher intensive Selbsterfahrungen machten. Poonjajis Gegenwart verbreitete einen Hauch von Magie; er öffnete nie gekannte innere Räume bei den Anwesenden. „Tune on – bliss out." Selbst heute noch fehlen mir die Worte, um diese Transformationsprozesse zu beschreiben. Der Geschmack des Selbst ist immerwährend präsent und erfüllte den ganzen Raum. Master hatte die Kraft der unmittelbaren Übertragung.

Ich empfand ihn als einen nie verendenden Kraftstrom.

Nach den Satsangs konnte man im Satsang Bhavan zu Mittag essen. Ich verschwand dann meistens in meiner Burg zur langen Mittagsruhe. Das intensive Satsang-Gefühl hallte nach. Zeit alleine damit zu verbringen, war eine Form von Selbsthygiene. Mein Energiekörper befand sich im Zustand der Neujustierung.

Wer war Poonjaji? Am besten liest man die Biografie von David Godman „Nothing ever happened", um sich ein Bild von diesem großartigen alten Lehrer zu machen. In seiner physischen Form war er groß und gewichtig, ein Bär von einem Mann. Selbst mit 80 Jahren hatte er noch eine starke Präsenz.

Für mich bedeutete es einfach: „Ich war angekommen." Die Geheimnisse des Fernen Ostens im alten Indien offenbarten sich mir in den nächsten Jahren, ich tauchte ein in dieses uralte *Wissen* auf meine ganz eigene Art und Weise.

Ich erinnere mich an eine weitere Begegnung mit ihm: Ich trat nach vorne und verbeugte mich, setzte mich vor ihm hin und er fragte mich, was ich so mache. Ich erzählte von meiner Organisation und dass ich als Astrologe arbeite. Er schaute mich verwundert an und schmunzelte; er sagte nur: „You are an astrologer!" Die Endsilbe zog er dabei hoch mit einem breiten Grinsen.

In mir machte es „klick", kombiniert mit „okay". Es gab nie Widerstände oder Hindernisse, wenn ich in Lucknow oder später dann in Tiruvannamalai astrologisch arbeitete. Irgendwie erschien es mir, als hatte ich seinen Segen.

Das Gegenteil zeigte er mir dann mit einer anderen Geste. Ich wollte mich von ihm verabschieden, da ich auf dem Weg nach Dharmsala zu Dr. Donden war, um meine Diabetes behandeln zu lassen. Ich sprach ihn nach dem Essen am Tisch darauf an. Er baffte nur zurück und sagte: „I am a diabetic, too". Er war selbst Diabetiker und hielt meine Reise für unangebracht.

Ausflug nach Dharmsala

Die Reise verlief dann entsprechend. Es war eine endlose Busfahrt, die zusammengenommen mehr als 20 Stunden dauerte, also mit Nachtfahrt war. Es ging über Himachal Pradesh durch die Gebirgsregionen mit schlechten, engen Straßen und Abhängen von einigen Hundert Metern. Überall auf der Fahrt stiegen Menschen mit Tieren und viel Gepäck zu. Es war ein 08/15-Bus mit reinen Holzsitzen. Ständig kotzte jemand aus dem Fenster oder man hörte sich das Kindergeschrei an. Ich ernährte mich von Bananen und Keksen, denn das Straßenfutter an den Stopps war mir nicht geheuer. Die Ankunft war dann um sechs Uhr morgens; es war Ende November und bitterkalt. Die kleinen tibetischen Gaststätten machten gerade auf und mit einem guten Frühstück kehrte die Lebensqualität zurück.

Am nächsten Tag traf ich dann den tibetischen Arzt. Die Begegnung mit Dr. Joshi Donden, dem ehemaligen Arzt des Dalai Lamas, sollte etwas Besonderes werden. Er testete meinen Urin und den Puls und meinte sofort, die Chance für eine Heilung läge bei weniger als 50 Prozent. Er war ein überaus freundlicher alter Mann. Ich bekam für sechs Monate Medizin.

Auch an ein Horrorszenario erinnere mich heute noch: Ich hatte ein billiges kleines Zimmer, wo es durchzog und eiskalt war. Nachts musste ich auf die Toilette und als ich das Toilettenlicht anmachte, sah ich schlaftrunken vor meinen Augen eine handtellergroße, dicke, behaarte Spinne gegenüber an der Toilettenwand sitzen. Ich war noch nie so nahe an einem Herzinfarkt gewesen als zu diesem Moment. Ich erstarrte und blickte auf dieses Ungeheuer, das über der Kloschüssel saß. Ich rannte nach draußen und fand einen Besenstock, mit dem ich das Untier zerdrückte. Sorry, Tierschützer, dies war ein Notfall. Ich machte nach dieser Aktion kein Auge mehr zu.

Ich blieb nur drei Tage in Dharmsala. Der Dalai Lama war zu der Zeit leider auf Achse, sodass ich ihn nicht besuchen konnte.

Die tibetische Medizin hatte keinen heilenden Effekt auf meine Diabetes, obwohl ich sie über längere Zeit nahm. Dagegen konnte ein anderes Mal eine aufflammende Neurodermitis ad hoc mit der tibetischen Medizin geheilt werden und tauchte auch nie mehr auf.

Zurück zu Master

Die Kraft des Augenblicks mit Master war etwas Besonderes. Der Slogan lautete: „Es ist immer das Jetzt, wo die Erkenntnisquelle sich öffnet und dieser nie enden wollende spirituelle Gesang sich fortsetzt." – „What beauty and grace!" So ist das Eintauchen in diesen immerwährenden Raum des allgegenwärtigen Selbst. Satsang – „Communion with the truth, what a beautiful never ending song", der seit Menschengedenken gesungen wird und den Master fortsetzte in seiner Einzigartigkeit.

Die Menschen umarmten ihn, dankbar für ihre außergewöhnliche Erfahrung. Oftmals ging es sehr schnell und der strahlende Ausdruck im Gesicht war ein Beweis für das besondere Erlebnis.

Es kam auch vor, dass von heute auf morgen keine Satsangs stattfanden und es plötzlich hieß: „Wir fahren nach Rishikesh, um einen *Dip* in der Ganga zu nehmen." Speziell die Gopis, sprich die Mädels, liebten es, mit Papaji in der Ganga zu plantschen. Die Ganga war seine große Liebe und dies seit seiner Kindheit. Er sah sie auch mehr als Wesen denn als Fluss.

Poonjaji war ein Schüler von Ramana Maharshi, dem großen Satguru Südindiens des letzten Jahrhunderts. Dieser wirkte am Berge Arunachala in Tiruvannamalai.

In seinem letzten Lebensabschnitt von 1992 bis 1997 durfte ich mit Poonjaji viel Zeit verbringen, der damals in Lucknow lebte und auch dort verstarb. Bei einem Realisierten spricht man dabei von *Mahasamadhi*.

Master wirkte immer unmittelbar, indem er reife Suchende in die Selbstrealisation führte beziehungsweise einen Geschmack davon gab. Von ihm ging die gesamte Satsang-Welle aus, die viele neue Lehrer hervorbrachte. Es gab eine zentrale Botschaft: JUST BE QUIET!

Lernen, still zu sein. Ich hörte ihn dies immer wieder betonen. Und damit meinte er nicht, den Mund zu halten, sondern innerlich still zu sein und aufzuhören, sich in Gedanken zu verlieren.

Ich beobachtete in den Jahren, nachdem Papaji gestorben war, dass Menschen den Freiheitsaspekt des Advaita betonten und oftmals den Stille-Aspekt vernachlässigte, also das stille formlose Sitzen. Das ist die einfache Meditation, bei der es darum geht, ruhig dazusitzen und präsent zu sein. Es gehört für mich zur geistigen Hygiene, genauso wie Duschen und Zähneputzen. Ob zwei oder drei Stunden oder nur ein paar Minuten, spielt dabei keine Rolle, denn letztendlich kann man diese meditative Haltung in den Tag einfließen lassen, um sein Leben angenehmer und spannungsfreier zu gestalten.

Rückerinnerung an den Guru

Als mein weiterer persönlicher Schlüssel kommt das Sicherinnern an Master hinzu. Es ist eine der uralten spirituellen Techniken, die in allen Religionen angewandt wird. Der Guru verkörpert das Selbst. Als Schüler schließe ich mich über die Rückerinnerung an den Meister an, an diese verloren geglaubte Quelle. Bei einer starken Schüler-Meister-Beziehung wird dadurch der unendliche Strom des universellen Selbst' im Bewusstsein aktiviert.

Wenn ich bei Alltagsthemen nicht mehr weiterweiß, versuche ich mich an Poonjaji zu erinnern. Ich gehe dabei einen Schritt auf die Seite und schaue, was als Erscheinung beziehungsweise als Antwort kommt. Falls es etwas „Kopfiges" ist, das mein Problem ausmacht, beruhigt sich das System und die Bewusstseinsinhalte leeren sich. Ist es dagegen etwas sehr Drängendes, das *jetzt* einer Klärung bedarf, kommt irgendwie eine Lösung dafür – wobei das oftmals unter dem Motto läuft: „*Dein Wille geschehe.*" Ein schöner biblischer Ausdruck. Ich muss einen Schritt auf die Seite tun und es kann sein, dass die Lösungsangebote im ersten Moment auf Widerstand bei mir stoßen – oder sofort als richtig erscheinen, ähnlich einem

Blitzeinschlag.

Für mich ist die Rückerinnerung eine sehr kräftige Form der Ausrichtung. Sie ist etwas, dem ich während des Tagesablaufs immer wieder Zeit gebe. Deshalb läuft sie hier am Berge Arunachala oftmals zusammen mit einer Pradakshina, die ich morgens oder abends um Ramanas Samadhi mache. In diesem Fall ritualisiere ich die Rückerinnerung.

Einfach ausgedrückt, ist es Bhakti und hat mit Hingabe zu tun. Für mich ist der Guru, der das Licht verkörpert, göttlich. Es zeigt mir die göttliche Essenz im Leben.

Fazit:

Still zu sein, bedingt nicht die Selbstrealisation, da es keine Bedingung dafür gibt. Es ist einfach nur eine wichtige Form der täglichen Hygiene. Mit der Rückerinnerung, dem Guru Bhakti, machst du Platz für das große Ganze. Ob es dabei um die Ausrichtung an Jesus, Buddha oder Papaji geht, ist sekundär, denn die Haltung und die Liebe ist das Entscheidende, die Rückerinnerung an die göttliche Essenz in der Ausrichtung zum Meister, dem Wesenskern in mir.

13.

Indien Import – Vaters Tod

★★★★

Als Master im Herbst 97 verstarb, blieb meine Verbindung mit Indien erhalten und ich sollte für einige Jahre einen Handel mit indischem Kunsthandwerk und Silberschmuck organisieren. Der Übergang verlief reibungslos. Es fühlte sich so an, als wenn ich unter Papajis Schutzschirm wirkte. Die Kontakte liefen über einem Agenten in Neu-Dehli, mit dem ich mich anfreundete und der mir auch im Lauf der Jahre interessante Sadhus und Gurus vorstellte.

Eine Reise mit ihm ging nach Jaipur, der Hautstadt Rajasthans. Wir besuchten vor Ort einen alten *Tantrika*, der in einem kleinen Verlies an einer Verbrennungsstätte wohnte. Er schien ein Wesen aus einer anderen Epoche zu sein. Uralt und komplett in Asche gehüllt, lebte er in einem winzigen Raum, der karg und nur mit einer dünnen Bambusmatte ausgelegt war. Mein „Agentenfreund" erzählte mir, dass er zusammen mit dem alten Tantrika in einem Ritual Alkohol trank und dann die Geister beschwor. Er schilderte mir, wie ein Kampf mit den Naturelementen stattfand, die Erde dabei bebte und Bäume umfielen, als er Familienthemen mittels eines tantrisch-magischen Rituals zu klären versuchte. Mein Freund ist ein *Rajput* und gehört zum Königshaus von Rajasthan, wo sich extreme karmische Belastungen in der Familie immer wieder zeigen.

Ich wurde von dem Alten gesegnet und mit heiliger Asche am Kopf beschmiert. Als er mich am dritten Auge berührte, tauchte ich ein in helles Licht und blieb in ekstatischer Verzückung zeitlos vor ihm sitzen. Das war eine besondere Begegnung.

Die Handelsaktivitäten liefen so nebenbei mit.

Ich kaufte eine bunte Palette an Bronzefiguren wie Buddhas und Ganeshas sowie Klangschalen, Räucherwerk, Bettdecken, Kissenbezüge und jede Menge Krimskrams ein. Den Silberschmuck ließ ich in Jaipur fertigen. Für mich war der Einkauf dort etwas ganz Besonderes. Der Handel fand in bewachten Wohnhäusern statt, wo im Keller am Boden liegend die Ware ausgebreitet wurde. Überall lief man barfuß auf dicken Teppichen und die Untergeschosse glichen einer Festung aus „1001 Nacht". Ich hatte einen guten Riecher für Silberschmuck und Halbedelsteine, die ich in Form von Ringen, Ohrringen, Amuletten, Halsketten, Armbändern und Broschen einkaufte. Qualitativ Hochwertiges und Extravagantes war auch auf deutschen Märkten gefragt.

Die erste Ladung im Herbst 97 wurde in drei Metallbehältern verstaut, sie wog knapp 400 Kilogramm. Ich nahm sie als Luftfracht mit der Aeroflot nach München mit, wo ich kurzfristig einen Stand auf einem Weihnachtsmarkt organisierte. Am Ende meiner Handelstätigkeit im Jahr 2001 kamen Container voll mit Waren an.

Ich machte sowohl Großhandel mit überwiegend esoterischen Geschäften als auch Einzelhandel; das heißt, ich verkaufte auf Märkten, meistens am Samstag und Sonntag. Ich mochte den direkten Kundenkontakt und sprach dabei gerne zwanglos über Indien, was sich bei meinem Warenangebot auch anbot.

Der Verdienst war im Vergleich zu meiner Seminaragentur bescheiden. Aber ich war unabhängig und die Arbeitszeit war klar begrenzt. Ich fühlte mich in dieser Zeit nirgendwo richtig zu Hause, lebte kurz bei meinen Eltern und später dann bei einem Freund in den Bergen unweit meiner Heimatstadt Rosenheim.

Indien war längst meine Wahlheimat.

Einmal kam ich auch wieder nach Delhi, erledigte meine geschäftlichen Angelegenheiten und fuhr dann mit meinem Agentenfreund in die Berge, um einen alten Guru von ihm zu besuchen, dem Nachkommen vom Heerenkamp Baba, der in den 70er Jahren kurz Furore machte mit vielen magischen Manifestationen. Die Reise ging über Almora in die Berge ins Hinterland. Auf dem Weg hielten wir an einem Hanuman-

Tempel, wo gerade Siddhi Ma einen Darshan gab. Sie ist eine Schülerin und die Nachfolgerin von Neem Karoli Baba, der durch Ram Das im Westen bekannt wurde. Ich habe sie nochmals in Rishikesh gesehen. Sie wirkt sehr zurückgezogen, taucht aber immer wieder an einem der Hanuman-Tempel in Uttar Pradesh auf und hält Darshan mit meist indischen Schülern. Ein wunderbarer, strahlender und altersloser, stiller Mensch.

Der Besuch beim Guru meines Agentenfreundes verlief dann weniger spektakulär. Was sich aber für mich ergab, war, dass mir ein indischer Astrologe einen Ring mit einer speziellen Steinkombination anfertigte. Ich trug den Ring mehr als zehn Jahre und er fühlte sich immer gut an, speziell während meiner Handelsphase.

Nachdem mein geistiger Vater Papaji im Herbst 1997 verstarb, sollte mein irdischer Vater bald folgen.

Er war bereits sehr krank und ich war gerade auf Geschäftsreise in Delhi, als ich nachts in meinem Bett lag und nicht schlafen konnte. Es war ein unheimlicher Lärm, es fielen grundlos Gläser um und die Luft schien magnetisiert zu sein. Ich lag die ganze Nacht wach. Am nächsten Morgen wollte ich weiter Richtung Südindien reisen, als ich von meinem Agenten die Nachricht erhielt, dass ein Fax für mich angekommen sei.

Es war die Todesnachricht von meinem Vater, der in der letzten Nacht verstorben war – im Januar 1999. Ich war nicht geschockt. Vor meiner Abreise hatte ich mich mit der Gewissheit von ihm verabschiedet, dass wir uns höchstwahrscheinlich nicht mehr sehen. Dies veränderte natürlich meine Reisepläne und ich versuchte so schnell wie möglich einen Rückflug nach München zu buchen. Man kann von der Air India halten, was man will, sie ist definitiv keine Top-Airline; aber wie sie sich bezüglich meines Reisewunsches aufgrund des Todesfalls verhielt, *war* eindeutig „top"! Die Mitarbeiter zeigten sich einfühlend und sehr flexibel. Man buchte mich für den nächstmöglichen Flug. Ich hatte gerade noch Zeit, meine Koffer zu packen, und schon war ich auf dem Weg nach Deutschland.

Im Vergleich zur indischen Kultur sind die westlichen Begräbnisse echte Trauerveranstaltungen. Es kommt einfach keine Freude hoch, dass jemand das körperliche Leid ablegen durfte.

Ich lebte fortan mit meiner Mutter in meiner alten Heimatstadt, unterstützte sie bei ihrer Trauer und half ihr so beim Übergang zum nächsten Lebensabschnitt.

Im Winter zwischen den Jahren 2000 und 2001 verbrachte ich wieder Zeit in Tiruvannamalai, Südindien, wo ich einen deutschen Lehrer kennenlernte, den ich als sehr konfrontativ empfand und der mich noch zwei bis drei Jahre beschäftigen sollte. Dann aber war die Guru-Nummer endgültig vorbei.

Im Anschluss daran zog ich zu Bekannten in den Chiemgau, wo ich in einem Seminarhotel mithalf und dort für einige

Monate in einem Wohnwagen hauste. In diesem Seminarhotel hatte ich während meiner Seminaragenturzeit Ende der 80er und Anfang der 90er Jahre große Seminare und Trainings organisiert und eine sehr erfolgreiche Zeit gehabt. Später belieferte ich sie dann mit indischer Ware.

Für einen Moment überlegte ich, in die Organisationstätigkeit zurückzukehren, spürte aber, dass diese Epoche vorbei war.

Fazit:

So wie man gelebt hat, so stirbt man auch. Trauer und Freude geben sich die Hand. Jede Nacht sterben wir den natürlichen Tod beim Einschlafen, wir wissen nicht, ob wir wieder erwachen. Meistens freuen wir uns darauf, endlich unsere Ruhe zu haben. Gibt es wirklich einen Unterschied zwischen Einschlafen und Sterben?

14.

Partnerschaft & Ehe – die Müllhalden des Egos

Was war ich sensibilisiert nach meiner ausschweifenden indischen Guru-Nummer! Es schien, als war alles wieder auf „Start" gesetzt. Im Sommer 2002 kam ich zurück in meine Heimatstadt nach Rosenheim und ließ mich dort nieder. Ich arbeitete Fulltime als astrologischer Berater für eine Astro-Hotline, außerdem machte ich Astro-TV und lernte so die TV-Branche intensiv kennen. Des Weiteren kamen Privatkunden aufgrund der Empfehlungen vor Ort.

Finanziell war ich abgebrannt, mein Erbe war komplett verbraucht und ich bekam Wohngeld, um meine Bleibe und Arbeitsstätte zu finanzieren. Aber irgendwie klappte alles. Die Einnahmen aus meiner Beratungstätigkeit erhöhten sich und die Ausgaben hielten sich in Grenzen. Ich hatte nie Probleme damit, mich den finanziellen Umständen entsprechend zu verhalten.

Im Oktober 2002 war es dann so weit. Ich hatte gerade meinen 47. Geburtstag nicht gefeiert und …

Plötzlich stand SIE vor meiner Tür und wollte ein Beratungsgespräch. Natürlich ahnte ich aufgrund meiner Vorbereitungen, dass zwischen unseren Horoskopen eine hohe Kompatibilität bestand, aber die gab es in der Vergangenheit auch bei anderen Klientinnen. Ich war einfach gespannt darauf, wie diese Kompatibilität in Fleisch und Blut aussah. – „Okay" war mein erster Eindruck. Ich brachte nun mein astrologisches Knowhow an die Frau und mir wurde schnell klar, dass ich eine hochintelligente und ein wenig misstrauische Frau vor mir hatte, die gerade geschieden und als alleinerziehende Mutter unterwegs war; außerdem forcierte sie noch ihren beruflichen Wiedereinstieg. Bezüglich einer neuen Partnerschaft waren bei ihr gewisse Sorgen um weitere Verletzungen und Vorbehalte. Die Sitzung verlief gut und sie verabschiedete sich mit einer flüchtigen Umarmung und einem Küsschen.

Der Zufall wollte es, dass sie schon ein paar Tage später Geburtstag hatte, und so bot sich mir eine Gelegenheit, mich zu melden und ihr zumindest auf dem Anrufbeantworter Glückwünsche auszusprechen. Sie meldete sich umgehend und wir trafen uns fürs erste Stelldichein zum Tee und gingen dann zusammen in die Sauna!

Da lag es nahe, ihr den Rücken zu massieren ...

Und schon verbrannte ich wieder. Das mönchische Kapitel wich in großem Tempo einer aufflammenden Empfindung, indem sich plötzlich eine weitere Person in meinem innersten Raum einnistete. Oder besser gesagt, dieses bis vor Kurzem unbekannte Wesen gewann mit einer scheinbaren Leichtigkeit meine volle Aufmerksamkeit. Nix da mit „meditative Distanz wahren". Die Full-on-Erleuchtungsphase wich der Full-on-Lust- und der neugierigen Kennenlernphase. Anfänglich meinte ich, souverän die Herausforderungen zu meistern und genoss einfach diese mich wärmende Nähe, die sexuelle und körperliche Intensität.

Der erste Abschnitt mit ihr dauerte exakt sechs Wochen. Dann verschwand ich wieder nach Südindien auf Retreat, wo ich zusammen mit einer Gruppe von Leuten und einem Lehrer aus Berlin intensive vier Wochen verbrachte. Ich mailte ihr täglich und die Körperkilos purzelten sowohl bei mir als auch bei ihr. Sie war die neue „Starbesetzung" auf meiner Lebensbühne.

Als ich dann zurück in Deutschland war, wurden aus einer Person plötzlich drei Personen: Ihre beiden Kinder betraten ebenfalls die Bühne, beide im pubertären Lebensalter, und daraus entstand die bis vor kurzem laufende Partnerschaftssatire. Mit Ausnahme der *Encounter*-Situationen in Poona war ich ein sehr ruhiger Mensch, aber das sollte sich ändern.

In der ersten Phase verbrachten wir viel Zeit bei mir, ich hatte eine schöne Wohnung und dies war ein guter Ausweichplatz für sie, wenn ihr die Kinder wieder mal auf der Nase rumtanzten.

Wir beide krempelten gerade unser Leben um. Sie bereitete den beruflichen Wiedereinstieg als Feldenkrais-Therapeutin vor und ich versuchte bei Astro TV meine Beratungsposition zu stärken.

Sie wohnte mit den Kids in einem irgendwie unfertigen Einfamilienhaus mit kleinem Anbau, einer Werkstätte von ihrem Ex. Aufgrund meines zeitlich begrenzten einjährigen Mietvertrags erwogen wir, relativ bald den Anbau umzubauen, sodass ich einziehen konnte. Das Tempo und die damit einhergehende Intensität waren wieder mal sehr hoch.

Sich dafür zu entscheiden, war mutig von ihr und es brauchte noch ein paar Monate, bis wir alles geklärt hatten. Für die Kids war es schwierig, da gerade ihr Vater das Haus verlassen hatte und ich, der „Neue" ihrer Mutter, schon mit gepackten Koffern dastand.

Ich zog genau ein Jahr, nachdem ich meine Partnerin kennenlernte, in einen schönen, neu gebauten Anbau ein, der mir viel Raum ließ, um meine eigenen Sachen zu tun. Es war eine gute Wohnlösung.

Nur die bisher gekannte Selbsterfahrungsintensität wurde in dieser Zeit ersetzt durch die emotionalen Stürme in diesem neuen, *selbst gewählten* Familienkontext.

Vater werden Ende 40 ... und dann noch Stiefvater, wo

man bei den Kids gerne ausgespielt wird und selten ein „Super", „Schön" oder „Danke" zu hören bekommt. – Wollte ich das wirklich? Und war sie wirklich mein Typ?

Yes, I can! – Wir heirateten. Diesem Ereignis ging voraus, dass ich bei P&C ein phantastisches Hochzeitskleid in Rot fand, es ihr zeigte und ihr den Heiratsantrag machte. Nach einer kurzen Bedenkzeit kam das „Ja".

Irgendwie hatte dieser Hochgeschwindigkeitsexpress wenig Ruhephasen. In den Jahren unseres Zusammenseins zeigten sich so langsam die Auswirkungen unserer sehr unterschiedlichen Lebensskripte: Sie war im Grunde Protestantin mit hoher Arbeitsmoral und Pflichterfüllung, nur wurde ihr dieses Korsett im Lauf der Jahre zu eng. Ich dagegen war ein eingefleischter „heimatloser" Single mit spirituellen Ideen, die im Alltag abgewetzt wurden, was mich ausbluten ließ.

Hinzu kam, dass sie einen geregelten Job in der Klinik hatte, während ich Freelancer war und mich als Astrologe und Psychotherapeut HP sowie als Buchautor ständig mit existentieller Unsicherheit auseinandersetzen musste.

Ich ging weiterhin regelmäßig für einen bis drei Monate im Jahr nach Indien und regenerierte mich auf diese Weise spirituell.

In den letzten sieben Jahren besuchte mich meine Frau drei Mal für jeweils vier Wochen in Tiruvannamali und ich versuchte es ihr dort so angenehm wie möglich zu gestalten.

Ein Haltung, die zum Scheitern verurteilt war, da die Anwesenheit am Berg all die brachliegenden Konflikte an die Oberfläche schwemmt.

Ihr erster Besuch war noch der schönste gemeinsame Aufenthalt. Ich hatte eine schnuckelige Wohnung in der Nähe des Ramana Ashrams für uns angemietet und diese möbliert. Sie kam zum ersten Mal nach Indien und erlebte mich in meinem vertrauten Umfeld. Es machte mir Freude, ihr Indien näherzubringen. Sie lernte dabei viele meiner Freunde kennen. Die neuen Eindrücke brachen über sie herein wie eine Welle. Leider ist ihr Magen sehr empfindlich und so dauerte es nicht lange, bis sie Durchfall bekam. Mit naturheilkundlichen Mitteln kommt man in Indien nicht weit, also gab´s Antibiotika – was sie nicht nur körperlich, sondern auch psychisch weiter schwächte. Aber das Neue, sprich Indien, konnte sie doch begeistern. Gerade mit den Affen, den anderen Tieren und den Pflanzen hatte sie viel Spaß. Sie war auch fasziniert von der Architektur, den Gerüchen und Farben. Für mich galt es, sie behütet durch diese fremden Eindrücke zu führen, ich fühlte mich verantwortlich für ihre Wohlbefindlichkeit.

Wann immer sie zu Besuch kam, machten wir gemeinsame Ausflüge, bei denen ich ihr Land und Kultur näherbrachte. Der Klassiker unter unseren Zielen war die Stadt Pondicherry, denn dort hat man die größte Abwechslung und ist Europa am nächsten. Wir verbrachten dort intensive, genussvolle Tage und ich führte sie durch diese phantastische französische

Enklave.

Ihr letzter Besuch im Jahr 2010 fiel zeitlich zusammen mit dem Shivaratri-Fest im Februar und es sollte ein besonderes Event werden. Wir wurden von einem Palmblatt-Astrologen zum Shiva-Fest eingeladen, um dort an allen Ritualen, Gesängen und Initiationen teilzunehmen. Die Tempelanlage lag drei Stunden Autofahrt entfernt im Landesinneren, vollkommen abgelegen. Wir waren die einzigen Westler und als wir ankamen, begannen gerade die Shiva-Anbeter mit ihren monotonen Shiva-Ram-Gesängen. Wir setzten uns dazu und ich machte zum Teil mit, meine Frau hielt sich im Hintergrund. Als wir dann noch eine ungewollte Mantra-Initiation erhielten, wo der Lehrer mit einem Tuch ihren Kopf bedeckte und dies einherging mit den intensiven Gesängen, war dies für sie einfach zu viel. Sie wollte raus, konnte es aber mir zuliebe nicht direkt ausdrücken. Der Palmblatt-Astrologe war der Förderer dieses Festes und hatte auch eine Guru-Stellung bei den zahlreichen Besuchern. Da die Shiva-Kraft sehr viel Feuer erzeugt, bedarf es des Ausdrucks, damit sie sich nicht staut. Doch ich war gespalten: Einerseits sollte ich mich um meine Frau kümmern, andererseits diese sich aufbauende Kraft kanalisieren. Es wurde zum Desaster. Ich hatte starke diabetische Hypoglykämien und war körperlich instabil; dies erhöhte das zwischenmenschliche Spannungsfeld noch mehr. Gott sei Dank hatten wir in den nächsten drei Tagen einen zusätzlichen Termin mit einem Jain-Guru in Bombay und so fuhren wir nach Mitternacht bereits zum Flughafen nach Madras, um unseren Flug frühmorgens zu bekommen. Auf diese Weise entkamen wir dieser prekären Situation. Die zwischenmenschliche Spannung explodierte im Auto dann trotzdem, die Destruktivität der Shiva-Kraft zeigte sich mit aller Vehemenz.

Bombay

Indische Großstädte sind Orte für ein Überlebenstraining. Wir hatten die Inhalte des Teachings von Gnan Vidhi, des Jain-Gurus Deepakbai, von Freunden erfahren und ich wollte schon ein Jahr davor an einer Initiation teilnehmen. Jetzt ergab sich, dass gerade während des Aufenthalts meiner Frau eine Großveranstaltung in Bombay stattfand, worauf wir uns kurzfristig entschlossen, dorthin zu fliegen. Wir wurden von den indischen Gastgebern sehr gut versorgt und betreut. Wir hatten auch ein persönliches Interview mit dem noch relativ jungen Guru Deepakbai und machten mit ihm zwei bis drei Minuten Smalltalk. Die Initiation lief dann auf einem großen Festplatz ab, wo einige Tausend Menschen anwesend waren. Bei der Initiation wurden bestimmte Texte aus dem Jainismus, dem Gnan Vidhi, gesungen, und jeder musste selbst aufstehen und bekennen, dass er sich dieser Lehre hingibt. Insgesamt waren wir 20 Westler und sicherlich 6000 bis 7000 Inder.

Bei mir hatte die Initiation wenig ausgelöst, meine Frau jedoch konnte die ganze Nacht nicht schlafen und fühlte sich total überfordert mit dem gesamten Prozess. Sie hatte Angst, verrückt zu werden. Zugleich hatte sie irgendwie die Hoffnung, wie sie mir sagte, durch einen Guru erlöst zu werden, was sich dann aber als Fehleinschätzung herausstellte. Für mich war beim Gnan Vidhi die Vergebungstechnik sehr mächtig und ich praktizierte sie auch einige Wochen. Ich vergab allen Menschen, denen ich irgendwann mal Unrecht getan habe, bis das Praktizieren der Technik sich von selbst einstellte.

Nach den turbulenten Reisetagen waren wir froh, wieder nach Tiruvannamalai zurückzukehren. Wir verbrachten dort noch ein paar ruhige Tage, bevor es dann gemeinsam nach Deutschland ging. Reisen war für uns beide eine gute Sache, da wir so aus dem Haus rauskamen und meine Lebendigkeit wieder zunahm.

Wir liebten die deutschen Inseln an der Nord- und Ostsee, sprich Wangerooge und Rügen, wo wir öfters Urlaub machten. Gerade Rügen hat etwas Faszinierendes, auch im Winter, wenn der Strand mit Eis bedeckt und die Luft kristallklar ist. Stundenlange Spaziergänge an der See heben das Gemüt.

Eine dieser Reisen möchte ich hervorheben und darüber ein paar Zeilen schreiben. Wir reisten nach Südtirol und machten Urlaub in einem gehobenen Hotel am Kalterer See. Es war Ende August und wir machten vor Ort täglich Ausflüge. Einer davon ging nach Naturns, wo der weltbekannte Bergsteiger Reinhold Messner seinen Wohnsitz hat, der zu bestimmten Zeiten auch der Öffentlichkeit zugänglich ist. Wir besuchten sein Schloss Juval. Die Atmosphäre dieses Platzes versetzt einen nach Nepal und Tibet, wo Herr Messner alle

Achttausender bestieg. Das Gebäude ist ausgeschmückt mit alten Figuren und Ritualgegenständen aus dem Buddhismus. Es gibt sogar einen Meditationsraum, wo es sich lohnt, für ein paar Minuten innezuhalten. Das Schloss liegt wie ein Adlerhorst auf einer Felsspitze und wurde komplett renoviert. Wann immer wir in der Gegend waren, machten wir dort einen Stopp, nahmen eine Brotzeit ein und ich setzte mich an einen Aussichtsort des Schlosses und verfiel ganz automatisch in ein tiefes Schweigen. Im Gegensatz zu mir war meine Frau meistens umtriebig und entdeckte immer wieder Neues zum Bewundern. Hier fühlte ich mich meiner Wahlheimat Indien am nächsten. Es gibt stündliche Führungen und wenn man die Räumlichkeiten bereits kennt, bieten sich verschiedene markante Aussichtspunkte am Schloss zur Besinnung an.

Ein weiterer, mich ansprechender Ort, war eine Marien-Wallfahrtsstätte, 30 Kilometer hinter dem Kalterer See gelegen. Hier wird der Katholik in mir wieder lebendig! Auch dieser Ort liegt mit einer Kapelle im Zentrum hoch oben am Berg und überall sind Bilder angebracht von Menschen, die hier Fürbitten vollzogen und Rettung oder Heilung erhielten. Ich selbst *muss* dann Kerzen aufstellen und für meine Familie und Freunde ein Gebet sprechen. Es ist ein Ort, der mich innerlich bewegt und meistens zu Tränen rührt, vor allem wenn ich anhand der dort angebrachten Schreiben sehe, welches Leid und Unglück andere Menschen erfahren haben.

Wie heißt im Volksmund? Ein Unglück kommt selten alleine. 2010, nachdem mein letztes Buch erschien, sackte ich plötzlich ab.

Die ständige berufliche Unsicherheit und ein kreativer Stillstand sowie die partnerschaftlichen Spannungen wirkten sich negativ aus. Mein Gesundheitszustand und die Leistungskraft ließen stark nach, die Lebensspirale zeigte nach unten. Einer instabilen Diabetes folgte die Polyneuropathie (PNP), was eine typische diabetische Nachfolgeerkrankung ist und unangenehme Befindlichkeiten an Händen und Füßen bewirkt. Das allergische Asthma verstärkte sich und es kamen depressive Episoden mit Schlafmangel und Antriebsarmut hinzu. Es folgte die Arbeitslosigkeit und mein Selbstwertgefühl war im Keller.

Eine dunkle Nacht der Seele breitete sich aus und über Monate war die Sonne verschwunden. – Es wurde Zeit, eine Generalüberholung zu starten. Im Sommer 2011 ging ich zuerst zur Reha auf die Insel Föhr. Zu dieser Zeit litt meine Frau an einem Burn-out-Syndrom und verbrachte ebenfalls eine längere Phase in stationärer Behandlung.

Wir beide waren ausgelaugt und irgendwie am Ende mit unserem Partnerschaftslatein. Ich spürte mein Lebensalter und den intensiven Wunsch nach Frieden und Alleinsein – das ist wahrscheinlich ein typisches männliches Phänomen. Nach der Reha waren die PNP und die Schlafstörungen immer noch vorhanden, sodass ich auf Anraten eines Neurologen stärkere Psychopharmaka nehmen musste. Nachdem meine Frau aus der Behandlung zurück war, versuchten wir mittels therapeutischer Unterstützung unser Kommunikationsproblem abzubauen und dabei eigene Wünsche und Befindlichkeit sichtbarer zu machen, ohne in einen Teufelskreislauf von Anschuldigungen zu verfallen. Eine gute Absicht, nur sollte sie auf keinen fruchtbaren Boden fallen.

Fazit:

Vermeide Orte und Situationen des Unfriedens. Untersuche, was die Ursache ist, dann beseitige das Übel, ändere deine Haltung oder wechsle den Ort. Gib dir einen Zeitrahmen dafür.

Beim letzten Retreat in Tiruvannamalai im Winter 2011/2012 sollte sich die Beziehungsthematik nochmals mit ihrer hässlichen Fratze zeigen. Viele negative Emotionen und Bilder überschwemmten mein Bewusstsein. Ich war dort alleine, ohne meine Frau, und ich spürte bereits, dass die Ehe zu Ende ging. Kurz nach meiner Rückkehr nach Deutschland reichten wir einvernehmlich die Scheidung ein.

Es ging alles so schnell und irgendwie problemlos, als ob ein reifer Apfel vom Baum fällt. Es fühlte sich an wie eine Erlösung von einem Stau, der sich über Jahre aufgebaut hatte.

Sie hatte bereits in meiner Abwesenheit mit einer Scheidungsanwältin gesprochen und ich hatte mir bereits in Indien ein kleine Wohnung gemietet. Da wir einen notariellen Vertrag hatten, war die Scheidung eine reine Formsache. Unsere praktischen Details wurden relativ schnell und einvernehmlich geklärt. Unser Verhältnis bekam eine neue Frische und der alte Ballast löste sich langsam auf. Wir gaben uns auch die Zeit dafür, unsere Verbindung emotional zu entflechten, und hatten noch viele intensive Gesprächsrunden.

Nach der gelösten Partnerschaftsproblematik, die viel Aufmerksamkeit gebündelt hatte und am Ende sehr belastend war, konnte ich mich wieder intensiv meinen zentralen Lebensthemen zuwenden …

Fazit:

Wenn die Zeit für eine Veränderung gekommen ist, dann sind die Schritte meistens sehr einfach. Die Zeichen der Zeit weisen den Weg.

15.

Weltfrieden – es liegt an Dir allein

Die Weltbevölkerung sehnt sich nach Frieden und einem gerechten Miteinander. Noch nie in der Menschheitsgeschichte wurden so viele Kriege geführt wie in der Jetztzeit. Was läuft hier schief?

In einer sehr kritischen globalen Spannungsphase sucht man nach Antworten zur Lösung der Konflikte. War es in den 70er Jahren der Kalte Krieg, der die atomare Bedrohung erhöhte, so sind es jetzt der Kampf um die Ressourcen sowie die elitären Pläne einer „Global Governance". Vordergründig ist es eine Finanzkrise, mit der Folge von zunehmender Arbeitslosigkeit und Verarmung durch die ausufernden Schulden, sowohl privat als auch staatlich. Ich habe Recherchen zu den Kräften gemacht, die Krieg und Frieden seit Jahrhunderten bestimmen und deren Absicht die absolute Macht und Kontrolle über die Weltbevölkerung zu sein scheint. Ich werde mich diesbezüglich kurz halten, denn eine umfassende Analyse und Aufklärung würde den Rahmen des Buches sprengen.

Was die Kräfte der Macht anbelangt, spielen die politischen Parteien aus meiner Sicht eine untergeordnete Rolle. Oder sehen Sie einen klaren Unterschied in der deutschen Parteilandschaft zwischen CDU, SPD, den Grünen, der Linken und der FDP? Würde eine der Parteien das bisher gültige Geldsystem infrage stellen, das Hautverursacher der Misere ist? Die Politiker sind bestenfalls Marionetten der wahren Machthaber im Hintergrund, die ich als die Instanzen bezeichne, die das Geld aus dem Nichts erschaffen und dafür das Volk mittels Zinsen bluten lassen, also in die Abhängigkeit führen und zu Schuldensklaven machen. Ich spreche von den Zentral- und Großbanken, den Ölgesellschaften und Großkonzernen, den alten Adels- und Geldfamilien, den Rothschilds, Warburgs und Rockefellers etc., die in verschiedenen Gesellschaften und Geheimbünden ihre Strategien abseits von Politik und Medien miteinander besprechen – wie der Council on Foreign Relation (CFR) in den USA und die Gruppe der Bilderberger. Dies ist eine kleine Anzahl, das sogenannte eine Prozent der Mächtigen.

Ihr Zeitplan scheint auf lange Sicht angelegt. Sie versuchen mit allen Umständen zu vermeiden, dass die Völker aufbegehren und es zu Unruhen und Bürgerkriegen kommt. Deshalb werden auch die Sozialsysteme aufrechterhalten und die Massen mit Trash-TV eingelullt. Die weltweit operierenden Medienkonzerne sind in der Hand ganz weniger Groß-aktionäre und Banken – und somit in den Händen dieser selbsternannten Eliten. Dies sind keine Verschwörungstheorien, sondern viele Dokumente belegen es.

„Na und?", werden Sie vielleicht sagen. „Uns geht es doch gut."

In diesem Fall sollten Sie das Buch weglegen und sich mal Gedanken darüber machen, wie die staatlichen Kontrollen in den letzten Jahren seit dem 11. September weltweit zugenommen haben, nur um ein Phantom des Terrors am Leben zu halten. Reisen Sie mal in die USA, wo Sie geröntgt werden, wenn Sie ins Land wollen. Oder nach London, wo jeder Ihrer Schritte auf Kameras aufgenommen wird. Und denken Sie, dass Ihrem Finanzamt nicht alle Ihre Kontobewegungen bekannt sind?

Wollen Sie immer transparenter sein für Menschen und Behörden, deren Absichten unkontrollierbar geworden sind?

Die Welt steht im Revolutionsmodus. Was in der arabischen Welt begann und sich in Griechenland und den südlichen europäischen Ländern fortsetzt, ist ein weltweites Phänomen des Aufbegehrens gegen staatliche Unterdrückung. Es geht um die Entwicklung einer Basisdemokratie als Protest gegen die *New World Order*, deren menschenverachtende Pläne ausschließlich der herrschenden Klasse gerecht werden.

Eine umfassende Aufklärung läuft bereits im World Wide

Web. Dagegen sind die Mainstream-Medien dazu ungeeignet, da sie unter Kontrolle der Mächtigen stehen.

Es gilt aufzuklären und die Kräfte zu beseitigen, die das Finanzsystem und das Militär kontrollieren.

Die Uhr tickt!

Aufgrund meines persönlichen Scripts sehe ich jedoch eine weitere Einwirkungsmöglichkeit, die globale Atmosphäre zu verbessern und einen Rahmen zu schaffen, damit der jetzt laufende, globale und gesellschaftliche Wandlungsprozess nicht in totaler Zerstörung endet.

Mich hat schon in der TM-Bewegung die Aussage begeistert, dass man nur einen kleinen Prozentsatz benötigt (man sprach damals von zehn Prozent der Bevölkerung), um Harmonie und Frieden in einer Gesellschaft zu stärken.

Die Transzendentale Meditation sollte das passende Vehikel dazu sein. Aus meiner Sicht verändert die regelmäßige Meditationspraxis die Gehirnwellenfrequenz positiv. Mittlerweile gibt es viele Untersuchungen, die eindeutig beweisen, dass Meditierende in Frieden mit sich sind und ihre Gehirnwellenfrequenz Aspekte aufweist, die auf starke Entspannung hindeuten.

Man untersucht das Sozialverhalten von Meditierenden und erkennt auch dort positive Hinweise auf eine erhöhte Empathie.

Die Untersuchungen laufen bereits seit knapp 40 Jahren. Die Ergebnisse könnten die Ansicht festigen, dass sich Meditation und Stille als Friedens- und Sozialtherapie eignen. Diese wissenschaftlichen Untersuchungen sind letztendlich nur Beleg für das Offensichtliche.

Wer schon einmal Kraftplätze beziehungsweise heilige Orte auf dieser Welt besuchen durfte, weiß, welche besondere Kraft und Atmosphäre von ihnen ausgeht. Viele dieser Plätze sind seit Jahrtausenden Stätten, wo sich die Menschen dem Göttlichen zuwenden, der Stille und dem Gebet. Dort Zeit zu verbringen, wirkt erhebend und stärkt die Allgemeinbefindlichkeit von Körper, Geist und Seele. Dasselbe gilt natürlich auch für regelmäßige Meditation-Retreats.

Mich hat im Sommer 2010 die öffentliche Aussage von meinem alten Lehrer Maharaji aus Nordindien zum Nachdenken gebracht. Er sagte sinngemäß Folgendes:

Die Weltbevölkerung wird sich aufgrund der kommenden Katastrophen in den nächsten Jahren stark reduzieren. Es liegt aber ausschließlich an uns, ob zwei Drittel der Weltbevölkerung sterben oder nur ein Drittel verschwindet.

Und dies wiederum hängt von der Zeit ab, die der Einzelne seiner Meditation widmet, sprich leer und still wird und so in Frieden mit sich selbst ist. Er empfahl, dass jeder Mensch eine bis zwei Stunden täglich meditieren sollte, anstatt sich ständig über Materielles Sorgen zu machen.

Damit gibt er einen klaren Hinweis, wie das anstehende Dilemma gemindert werden kann. Ich habe das bisher von keinem der prophetischen Marktschreier gehört.

Der Frieden beginnt eben bei uns selbst. Genauso wie wir ständig vom Kollektivgeschehen beeinflusst werden, ohne uns darüber immer bewusst zu sein, beeinflussen wir unsere Umwelt.

Wir sind ein einziger Organismus in Wechselwirkung!

Gehen Sie mal in ein Fußballstadium. Sie können gar nicht anders, als mitzumachen. Und wer sich an den 11. September erinnert, weiß, welche Wirkung Bilder auf die Masse haben – wie sie Panik, Entsetzen und Angst erzeugen. Oftmals wird mit solchen Bildern eine bewusste Massenpsychose erzeugt. Die Medien steuern mittlerweile massiv das Kollektiv nach ihren Absichten.

Es gilt folgendes spirituelle Gesetz:

Zusammengenommen sind wir ein funktionierender Organismus und die höher schwingenden Partikel bringen den Rest dazu, sich neu auszurichten.

Ich spreche hier nicht von Gut oder Schlecht und unterscheide auch keine menschlichen Qualitäten. Ich weiß sehr gut, dass jeder von uns zwischendurch mal durchgeknallt ist und dann am besten zum Holzhacken gehen sollte. Aggression ist per se eine natürliche körperliche Reaktion, nur im verkopften Zustand droht sie die Menschheit zu vernichten.

Am Friedensprojekt kann jeder teilnehmen und so sich selbst und anderen Gutes tun. Einige sprechen auch von zehn Prozent an intelligenten Menschen, die reichen, um das globale Steuer neu auszurichten. Doch woher kommt die Intelligenz? Aus dem großen leeren Raum, aus dem alles entsteht, aus dem NICHTS!

Es geht darum, dass jeder von uns über den eigenen Tellerrand hinausschaut, das Leben vereinfacht, um so Zeit zu haben für das Wesentliche. Anstatt vor der Glotze abzuhängen oder im Internet seine Zeit totzuschlagen, heben Sie einfach Ihr Bewusstsein an. Leeren Sie Ihren Müll im internen Bewusstseinspapierkorb aus oder drücken Sie die „Delete-Taste"!

Fazit:

Die Verantwortung liegt bei Dir! Sie bestimmen mit, wie der globale Transformationsprozess sich in den nächsten Jahren gestaltet.

Meditieren Sie einfach, es wirkt! Nutzen Sie keine spezielle Technik,

JUST BE QUIET –

SIE ALLEIN SIND DIE QUELLE FÜR DEN FRIEDEN – persönlich und global!

Bringen Sie auch Ihre besonderen Fähigkeiten ein. Jeder kann was, das er mit seinen Mitmenschen teilen kann.

Dies ist vielleicht der wichtigste Gedanke in diesem Buch, denn diese Methode ist so einfach und setzt nichts voraus, außer sich zu disziplinieren und still zu sein.

16.

Hellseher und Astrologen überwiegend Trash

☆☆☆☆

Die Astrologie ist ein Fachgebiet, dem ich mich seit vielen Jahren intensiv widme, sowohl in der Einzelarbeit als auch als Buchautor. Dabei drängt sich eine Frage auf:

Gibt es eine klar festgelegte Zukunft? Lässt Sie sich vorherbestimmen?

Gerade jetzt, wo die 2012-Maya-Interpretationen von einem möglichen Ende der Welt in der breiten Öffentlichkeit diskutiert werden, gilt es, Antworten zu finden auf dieses Phänomen. Der Mensch mit seiner Angst und Hilflosigkeit hat schon immer versucht, das Kommende zu erfassen, um so Kontrolle über seinen Fortbestand zu erhalten und auftretende Gelegenheiten zu nutzen.

Wünsche und Ängste bestimmen den Takt des Geschehens sowohl im Kleinen und Persönlichen als auch im Großen und Gesellschaftlichen.

Es herrscht immer eine breite Nachfrage nach hochwertiger Vorausschau, aber vieles beschränkt sich auf Technik und wirklich hellsichtige Kollegen sind Mangelware.

Zurückblickend kann ich aus meinen Erfahrungen Folgendes berichten: Ich habe viele Zukunftsdeuter persönlich besucht und wollte deren Meinung zu meiner persönlichen Entwicklung wissen. Dies waren die Ergebnisse:

1. Ich habe niemanden getroffen, der mit seiner Prognose über einen längeren Zeitraum von drei bis vier Jahren einigermaßen richtig lag. Manche sahen einen bis zwei Punkte voraus, die wirklich eintraten; viele lagen aber schon bei meiner Anlageanalyse komplett daneben.

2. Einmal traf ich einen indischen Handleser auf der Straße in Rishikesh, der mir den Verlust eines großen finanziellen Betrags voraussagte, was dann auch eintraf. Da ich aber wütend war und seinen Aussagen misstraute, rannte ich dem Schicksal ins offene Messer.

3. Auf einen einfachen Nenner gebracht, heißt das:

Was passieren muss im Leben, passiert so oder so; was sich nicht ereignen soll, wird trotz allem persönlichem Bemühen auch nicht eintreffen.

4. Diese Vorbestimmtheit wertet eine gute Beratung nicht ab, speziell wenn es darum geht, die Tendenzen aufzudecken, das Vertrauen zu stärken und auf Hilfsmittel zu verweisen, um Prozesse zu unterstützen. Dies hat dann mehr den Charakter einer psychologischen Lebensberatung.

5. Vermeiden Sie Panik bei Angst machenden Aussagen. Weisen Sie sie zurück, vor allem wenn sie aus der Luft gegriffen sind. Sie stärken nur die negative Erwartungshaltung. Sollten aber die Aussagen mehrerer Quellen in dieselbe Richtung zeigen, treffen Sie Vorkehrungen.

Bei der Frage über die Vorherbestimmtheit des Geschehens bleibe ich bei einem klaren JA, zumindest was die zentralen Themen anbelangt.

Diese Einstellung befreit von der Illusion, der große Macher zu sein und sein persönliches Glück am Erfolg und Misserfolg zu messen. Sie bringt aber auch die Gefahr mit sich, ins passive Nichtstun zu verfallen, fatalistisch zu werden.

Allerdings wird das Leben per se als Lehrer und Meister schon für das Gegenteil sorgen.

Fazit:

Bevor Sie einen Zukunftsdeuter, sprich einen Astrologen oder Hellseher, aufsuchen, sollten Ihnen klar sein, was Sie von ihm wollen. Sie sollten die Referenzen überprüfen und immer zuerst die Antworten bei sich

selbst suchen!

Sie ganz persönlich sind die Quelle Ihres Glücks und in Ihrer ganz persönlichen Welt finden Sie die passende Antwort für den nächsten Lebensschritt.

Komplizierter wird es für globale gesellschaftliche Aussagen. Ich bin es mittlerweile leid, die ganze Fraktion der Nostradamus-Interpreten zu hören. Ihre reelle Trefferquote bei konkreten Aussagen ist verschwindend gering. Ich kenne niemanden in der ganzen Gilde, der fünf konkrete Aussagen für ein Jahr machte, die dann auch eintrafen! Es gibt aber viele, die ihre Aussagen von Monat zu Monat und Jahr für Jahr wiederholen und irgendwann mal richtig liegen.

Zusammengefasst, bin ich folgender Meinung: Ein Gesellschaftsastrologe beziehungsweise Mundan-Astrologe, der ich selbst auch bin, kann Tendenzen erkennen, aber selten Konkretes in einen exakten zeitlichen Rahmen setzen.

Die Gilde der Hellseher, die ihre Vorahnungen in Bildern ausdrückt, beschreibt die kommenden Ereignisse mehr oder weniger klar. Extrem selten gibt es dazu zeitliche Zuordnungen, die stimmen.

Als ich die lange globale Vorausschau für 2010 bis 2015 im Buch „Weltenwende" schrieb und mich in die Konstellationen einfühlte, hatte ich viele schwere und belastende Empfindungen, die mich selbst nachts nicht mehr schlafen ließen. Da das aktuelle gesellschaftliche Weltgeschehen in der astrologischen Geschichte in bestimmten Zyklen immer wieder auftaucht, erahne ich, was uns erwartet. Es sind Empfindungen, die ich in Worte kleide. Das ist auch für mich eine Gradwanderung, bei der Ängste auftauchen können; meistens aber siegt die Klarheit der Einsicht. Und ich überprüfe die großen Tendenzen, die ich erkenne, immer mehrfach.

Natürlich gibt es die sogenannten *Rishis*, die eine Hellsichtigkeit entwickelt haben. Das sind spezielle *Siddhis*, die sogenannten übernatürlichen Fähigkeiten. Sie entstehen in der Regel aus dem Moment heraus und sind selten bewusst abrufbar. Die großen Gurus haben fast alle spezielle außergewöhnliche Fähigkeiten, die sich manchmal mit der Selbstrealisation einstellen. In der „Autobiographie eines Yogis" werden viele Beispiele aufgeführt. Neben der Hellsichtigkeit gibt es die Levitation – wie bei Jesus, der über das Wasser gehen konnte – oder die Materialisation von Gegenständen, auch hier gilt Jesus als gutes Beispiel. Weiterhin existiert noch die Entmaterialisation, also das Auflösen der körperlichen Erscheinung, sowie das „an zwei Orten gleichzeitig Sein" und vieles mehr. Die spirituelle Literatur ist voll davon.

Papaji, der selbst Siddhis hatte wie zum Beispiel an zwei Orten gleichzeitig zu erscheinen, wies immer wieder darauf hin, dass diese Gaben auch Hindernisse bei der Selbstrealisation sein können und „Ego-Popper" darstellen.

Mir selbst geht es nicht anders. Ich habe Zeiten der Sichtigkeit, welche meistens in einem Beratungsgespräch auftreten und wo ich „out of the context" spreche und die Dinge auf den Punkt genau benenne.

Dies kann auch Globales betreffen. So habe den 11-September-Terrorakt vorhergesagt aufgrund der mundan-astrologischen Aspekte und eines sich aufbauenden, inneren Spannungsfeldes. Ich wusste aber nicht, wo und in welcher konkreten Form es geschieht. Ich habe ebenso die Japankatastrophe im Frühjahr 2011 relativ klar gesehen. Konnte sie deshalb verhindert werden? Nein, aber ich habe im Anschluss an die Katastrophe mit einer Gruppe von Meditierenden versucht, die Situation mittels Meditation und Gebeten zu unterstützen.

Übrigens, für diese Aktion wurde ich heftig in einem mundan-astrologischen Vortrag von meinen Kollegen kritisiert. Warum, das ist mir bis heute schleierhaft. Würden Sie nicht auch ein ertrinkendes Kind retten, wenn Sie am Ufer stehen?

Also, wenn man handeln kann, dann sollte man handeln. Wie viele Gebete werden täglich für den Weltfrieden gesprochen oder Mantren gechantet für spezielle Ereignisse. Für tibetische Lamas und Hindu-Priester gehört dies zum Alltag. Ich denke, dass diese spirituellen „Task Forces" Gutes bewirken. Die reine Absicht bildet das Fundament dafür.

Die Aufgabe eines Sehers ist es, Tendenzen in der gesellschaftlichen Entwicklung zu erkennen und Unheil vom Lande abzuwenden. Das sollten eigentlich auch die Politiker tun sowie die Institute für Zukunftsprognosen. Nur wer will denn überhaupt hören, was uns morgen erwartet, speziell wenn es ungemütlich wird? Deshalb finden sich auch kaum negative Prognosen für die Wirtschaftsentwicklung. Wenn es dann doch so kommt, liegen alle Institute im Gleichschritt daneben. Damit sichern sie sich auch weiterhin die finanzielle Unterstützung für ihre Arbeit ab. Es gilt das Motto: Blinde führen die Blinden.

Warum interessiert mich diese uralte empirische Wissenschaft eigentlich? Das Interesse dafür begann früh, es war einfach da, als ein erfahrener Astrologe mir im Alter von 19 Jahren das Horoskop deutete. Ich war damals einfach nur begeistert und kurz danach machte ich mich auf den Weg.

Ich studierte mit verschiedenen Astrologen in den 70er und 80er Jahren, unter anderem mit Döbereiner, Liz Greene und Howard Sasportas. Ich schnupperte bei ihnen kurz rein, eignete mir das Wissen aber überwiegend über das Selbststudium an, also mit dem Lesen von Fachbüchern und dem praktischen Tun, Horoskope zu zeichnen und zu deuten.

Mitte der 90er Jahre, als ich wieder lange Phasen in Indien lebte, gab mir dann ein alter Lehrer in Rishikesh den spirituellen Namen „Raman Rishi", was so viel bedeutet wie *ein Seher zu sein, der den Rhythmus des Universums versteht*. Den Namen empfand ich aber eher als Bürde und er verschwand in meiner Schublade. Je mehr ich jedoch mit der Astrologie in dieses universelle Verständnis hineinwachse und die verschiedenen Bewusstseinsdimensionen erfahre, umso mehr erkenne ich die Verantwortung dahinter.

Meine Aufmerksamkeit hat sich mittlerweile weg vom Persönlichen und hin zu den gesellschaftlichen Zyklen verlagert. Die Mundan- und Gesellschaftsastrologie ist die Königsdisziplin, auf deren Basis viele Forschungen und Studien entstehen.

Die großen Zyklen beziehungsweise Paradigmenwechsel mit ihren Trends färben die Einzelschicksale. In Zeiten von Umbrüchen und Wirtschaftsdepressionen fühlen sich die meisten Menschen eingeschränkt in ihren Möglichkeiten. Dagegen herrscht in Zeiten des Aufbruchs Optimismus vor. Zuversicht und Expansion sind die treibenden Kräfte im Kollektiv.

Die alten Seher des Fernen Ostens hatten ursprünglich vielfältige Aufgaben zu bewältigen: Zuallererst mussten sie die zeitlichen Einflüsse und Auswirkungen im Land erfassen. Dies beinhaltete das Beobachten aller gesellschaftlich relevanten Bereiche wie das Wirtschaftswachstum, das politische Klima, die Volksgesundheit, das Militär, die kriegerischen Einflüsse, die Gefahr von Naturkatastrophen und andere potenzielle Ereignisse.

Seit Jahrtausenden bestimmen Astrologen und Seher die passenden Zeitpunkte für kriegerische Aktivitäten und wurden bei erfolgreicher Berechnung mit Gold aufgewogen. Ein

Fehlurteil bedeutete oftmals das Todesurteil für den Kollegen. Ähnliches galt für die Wettervorhersagen, bei welchen die passenden Momente für Saat und Ernte bestimmt wurden.

Aber – jetzt kommt ein aus meiner Sicht zentraler Aspekt:

Die alten Seher hatten nicht nur die Einsicht in die Zeitachse, sondern kümmerten sich auch darum, dass die Menschen glücklich und gesund waren. Amuletten, Ritualen, Gesängen und Meditationen wohnen wichtige Kräfte inne. Sie stellten die entsprechenden Handwerkszeuge dafür dar.

Fazit:

Anerkannte Seher und Mundan-Astrologen mit ihrer allumfassenden Betrachtungsweise können gesellschaftliche Prozesse gut erkennen und zum Wohle der Bevölkerung wirken.

17.

Die dunkle Nacht der Seele & das ICH-Stehaufmännchen

Dieses Kapitel behandelt ein äußerst heikles Thema. Wir Menschen lieben es, bunte Berichte über außergewöhnliche Erleuchtungserlebnisse zu hören, denn sie nähren den Glauben, dass der Weg dahin gradlinig und das Ziel leicht erreichbar ist. Wir glauben, dass ein Zustand ewiger Glückseligkeit auf uns wartet.

„Bullshit!" ist die passende Antwort darauf.

Gerade meine Reisen durch das alte Indien brachten Erfahrungen mit sich, die die Realität in ein ganz anderes Licht warfen. Ich machte Erfahrungen von Bewusstseinszuständen, die schillernd und intensiv waren. Mit erhöhter Voltzahl steigerte sich die Lebensintensität, eine Verbundenheit und eine nie gekannte Liebe durchströmten mich.

Diese „High-Volt-Phasen" dauerten manchmal Stunden oder sogar Tage und Wochen an. Wenn sie wieder abflauten, brachte das körperliche und psychologische Probleme mit sich – Erscheinungen, die großes Leid hervorbrachten.

Das begann früh. Bereits mit 21 Jahren entwickelte sich in meinem Körper nach intensiven Meditationserfahrungen die Diabetes mellitus und ich musste fortan Insulin spritzen fürs Überleben. Dies kam von heute auf morgen. Die folgenden extremen Blutzuckerschwankungen brachten viele „Black-outs" mit sich und speziell Poona 1 war gespickt mit Unter-zuckerungen. Heute gibt es bessere Insuline und auch Blutzu-ckermessgeräte, die die Situation zu stabilisieren helfen. Diese gab es damals nicht.

Aber insbesondere diese „High-Volt-Phase" von 1993 bis 1997 belastete meine Gesundheit massiv. Relativ früh kam es zu ausgeprägten Schlafstörungen und regelmäßiger Schlaf sollte zur Rarität werden. Auch mit Sport ließ sich die feh-lende Entspannung nicht ausgleichen. Dadurch war ich im Alltag schnell gereizt. Ich begann bereits früh, naturheilkundliche Antidepressiva und Schlafpillen wie Johan-niskraut zu schlucken, um wenigstens fünf bis sechs Stunden im Stück ruhen zu können.

Allergisches Asthma beeinträchtige meine Atmung und während der Pollenzeit werde ich zum unfreiwilligen Eremi-ten im Haus. Was habe ich nicht alles an alternativen, selbst bezahlten Therapien ausprobiert, ich landete trotzdem beim

Cortisonspray!

Die diabetesbedingten Nachfolgekrankheiten nahmen zu, es entwickelte sich eine Polyneuropathie. Durch sie entstanden Befindlichkeitsstörungen an Händen und Füßen und die Schlaflosigkeit wurde mit den naturheilkundlichen Präparaten nicht mehr handhabbar.

Ich machte die Nummer mit dem Facharzt, der eine diabetische Depression feststellte und mir ein Psychopharmakum verschrieb. Die Wirkung war wirklich super. Ich konnte das erste Mal seit vielen Jahren wieder sieben bis acht Stunden durchschlafen.

Wie klingt das?

Beim Klären des *Warums* werden verschiedene Faktoren deutlich: meine generelle körperliche Anlageschwäche, die gepaart ist mit einer hohen Sensibilität.

Er folgten Jahre der Hölle, nachdem ich kurz an der spirituellen „Himmelspforte" anklopfte und paradiesische Erlebnisse, sprich außergewöhnliche *Seinserfahrungen*, hatte. Danach aber entwickelten sich in meinem Body-Mind-System starke Krankheitsreaktionen; mein Leben glich zum Teil einem Albtraum, der sich auf alle Bereiche auswirkte.

Meine seelische und körperliche Gesundheit, meine partnerschaftliche Beziehung und meine Arbeit waren davon beeinträchtigt.

Ich möchte in diesem Zusammenhang noch Folgendes betonen: Diese hirntoten Satsang-Lehrer, die die Meditation abfällig bewerten, da sie weder Freiheit noch Selbstrealisation bringt, sollten einfach ihre Klappe halten! Sie verbreiten eine pure Hirnwichserei! Schon für die geistige Hygiene, um sich zu regenerieren und den Alltagsmüll zu beseitigen, kann ich jedem nur dringlich raten, seine Hirnfrequenzen regelmäßig zu tunen.

Man sollte aber diese inflationären und abgewetzten Begriffe von der Art einer Disneyland-Selbstrealisation im westlichen Hauruckverfahren vergessen, ebenso die selbsternannten Erleuchteten, die ihre von Ihnen erleuchteten Jünger um sich scharen.

Es ist ego-schmeichelnder Bullshit!

Für die „Birkenstockfraktion" der Naturheil-Fanatiker werfen sie ihre medizinischen Konzepte über den Jordan! Wenn es ums Überleben geht, ist jeder, der jemals längere Zeit in Indien lebte, froh, dass es Antibiotika gibt. Außer sie leiden gerne und sind suizidgefährdet.

Denselben dogmatischen Starrsinn hat die „Vegetarierfraktion": Man sollte einfach wissen, dass im tibetischen Buddhismus des hochheiligen Dalai Lamas Fleischessen im Hochland überlebensnotwendig ist und jeder es macht. Fleisch in Maßen gegessen ist gesund und Grundnahrungsmittel der Menschheit seit ihrem Bestehen.

Aber das ist eine andere Geschichte.

Fazit:

Stille fördert Gesundheit und Wohlbefinden, das sollte genug sein! Vorsicht aber vor Friedhofsstille.

Bei der medizinischen Versorgung gilt es gut abzuwägen und manchmal ist ein allopathischer Hammer ein Lebensretter.

Mein alter Freundeskreis umfasst eine Anzahl von spirituellen Opfern, die krank und wahnsinnig geworden sind. Der spirituelle Weg zerstört alte Normen und Glaubenssysteme. Er hinterlässt tiefes Leid, über das wenig berichtet wird, da es in der spirituellen, US-geprägten „YOU CAN DO IT!"-Sensationspresse schlecht verkaufbar ist.

Die medizinische Forschung, die Neuro-Science, wird in den nächsten Jahren hoffentlich einen Quantensprung machen, um Bewusstseinsprozesse und auftretende Defekte besser behandeln zu können. Die Pharmaindustrie wird sich blöd dabei verdienen, denn der Bedarf ist riesig.

Fazit:

In der Tiefe des Menschheitsbewusstseins schlummern Dämonen, auch bei DIR. Sich damit auseinanderzusetzen, heißt, sich einen Horrorfilm anzusehen und womöglich in der Klapse zu landen.

Manchmal ist es besser, den Deckel draufzulassen. Intensive spirituelle Erfahrungen bringen intensive Nebenwirkungen, das Body-Mind-System ist nicht für 100000 Volt geschaffen! Es ist wichtig, sich um gute Ansprechpartner bei auftretenden spirituellen Krisen zu kümmern.

Ist Langeweile eine Alternative?

18.

Spiritualität & Geld – das Weihnachtsmannsyndrom

Ich liebe es, zu spielen. Den Reiz, zu gewinnen und zu verlieren, lernte ich schon als Kind kennen, als ich mit meiner Oma jeden Freitagnachmittag um Pfennige „kartelte" und mich wie ein Honigpferd über jeden Gewinn freute – oder mit hochrotem Kopf dasaß, wenn ich verlor.

Später ging ich oft anstatt zur Schule zum „Karteln" ins Café. Ich spielte klassischen bayrischen Schafkopf oder mit den vornehmen älteren Herren auch mal eine Runde Poker. Damit besserte ich mein karges Taschengeld auf. Stundenlang zu spielen, machte Spaß, ich war „zeitlos glücklich" im Spiel.

Meine Glückssträhne währte aber nicht ewig. Im Casino beim Roulette und Blackjack musste ich erfahren, dass die Bank immer der Gewinner bleibt. An ein Mal kann ich mich besonders erinnern. Es war in den 90er Jahren, als ich noch

Geld für meinen Indien-Retreat brauchte und extrem knapp bei Kasse war. Ich kam mit dem „Fluggeld" vom Spielcasino in Bad Wiessee zurück, packte innerhalb von wenigen Tagen meine sieben Sachen und verschwand Richtung Indien. Die Zeit mit Master war diesbezüglich magisch. Einerseits verlor ich in kurzer Zeit all meine Sicherheiten, die ich mir während meiner Selbständigkeit angespart hatte, andererseits hatte ich jedes Mal die finanziellen Ressourcen, um nach Indien zu reisen und dort einigermaßen anständig leben zu können. Ich konnte mir in Indien immer genau das leisten, was ich brauchte. Ob Rundreisen, ein schönes Zimmer oder ein Appartement, für alles war gesorgt. Dieser Wunsch nach Freiheit – wo auch immer er herkommt –, bringt so manche unerwartete Unterstützung mit sich. Über die Menschen um Papaji herum habe ich schon viele Geschichten darüber gehört, wie sich finanzielle Probleme einfach auflösten und die nötigen Mittel wie aus dem Nichts entstanden.

Master war für mich und viele meiner Freunde ein WEIH-NACHTSMANN, der sich nicht nur um unser spirituelles Wohl, sondern auch um das Praktische kümmerte.

Als Papaji dann verstarb, sollte mich aufgrund meines Spieltriebs nochmals der Karma-Hammer treffen.

Ich hatte ein kleines Vermögen geerbt, und meine „Buch-halter"-Planung lief darauf hinaus, es bei einer Bank zu einem Zinssatz von sechs Prozent langfristig anzulegen. Dies hätte meinen Verbleib in Indien auf Dauer abgesichert und mir eine lebenslange Rente beschert.

Nur was geschah? Meinem „großen Bruder", der sehr erfolgreich mit Aktien handelte, war diese Aussicht nicht genug und ich schloss mich leichtfertig seiner Meinung an. Die Familie kaufte Aktien. Es war genau die Zeit, wo der „Neue Markt" platzte und die Aktien in den Keller rauschten. Ich verlor in kürzester Zeit 30 Prozent!

Das wäre ja alles noch kein Problem gewesen, nur nahm mich diese Finanzsituation voll ein. Ich wollte mein Erbe unbedingt retten! Ich erhöhte mein Risiko und fing an, mit Optionsscheinen zu handeln, obwohl ich in diesem Anlagebereich überhaupt keine Erfahrungen hatte.

Hinzu kam, dass mir ein Bekannter und spiritueller Lehrer, der viel Erfahrung mit Optionsscheinen vorweisen konnte, mir anfänglich half, damit umzugehen, sich dann aber schnell mit gutem Rat verabschiedete.

Wie schon nach dem Ende meiner Selbständigkeit hatte ich innerhalb eines Jahres mein gesamtes Vermögen verloren. Dieser finanzielle Verlust grämt mich auch heute noch, wenn ich daran denke. Er hat viel seelisches Leid erzeugt.

Obwohl alle Anzeichen mich davor gewarnt hatten und mir negative Voraussagen über meine Finanzen bekannt waren, hatte dies mein zwanghaftes Verhalten nicht gestoppt und der Finanzkollaps trat mit aller Härte ein.

Warum?

Ich war wie besessen von diesem Spiel und der Wahnsinn sprang mich an und steuerte mich. Am Ende war ich total pleite, fühlte mich aber zugleich befreit von dieser Zwanghaftigkeit und selbstzerstörerischen Intensität. Übrigens ist das Gefühl eines Verlustes viel intensiver als das eines Gewinns; beobachten Sie sich einfach mal. Außerdem gilt es, die eigene Bewertung von Gewinn und Verlust zu erkennen: Macht man einen Gewinn, holt man immer den lieben Gott ins Spiel, nur beim Verlust ist es die eigene Schuld.

Der Finanzkontrolleur und der Spieler sind zwei Elemente meiner Persönlichkeit, die beide Raum in Anspruch nehmen. Der Spieler hat auch heute noch seinen Raum, nur eben einen maßvoll begrenzten.

Fazit:

Sich an Sternschnuppen und Irrlichtern zu erfreuen, ist wunderbar. Am besten stehen bleiben, bis es vorbei ist.

Bei zwanghaftem Verhalten ist es notwendig, zu erkennen, dass es um intensive Erfahrungen geht und der Blickwinkel sich sehr verengt. Es ist ein brennender Wunsch, etwas konkret zu erhalten oder zu erreichen, dieses unbedingte ICH WILL, das zum Scheitern führt und einen nie ans Ziel bringt. Ersetzen Sie das ICH WILL durch ein ICH BIN von gleicher Intensität und

schauen Sie, was passiert!

Zeigen Sie Mitgefühl zu sich selbst. Manches an destruktivem Verhalten braucht seine Zeit, bis es sich wandelt.

Die auftretende Hilflosigkeit ist Teil dieses Werdeprozesses.

19.

Der Berg Kailash – Höllenritt und Blissattacken

Es war ein innerer Auftrag, dorthin fahren zu müssen. Wie kam es dazu?

Ich hatte die Asche von Master einige Jahre lang immer nahe am Körper mitgeführt. Ich betrachtete sie als heilig und mit einer besonderen Kraft ausgestattet.

Im Satsang Bhavan, wo Papaji seine Satsangs abhielt, hing ein wunderbares Bild vom schneebedeckten Berg Kailash in Tibet. Mir war vom ersten Moment an klar – als ich die Asche erhielt –, dass ich sie einmal weitergeben werde.

Das Weiterreichen der Asche drängte plötzlich, nur wohin?

Aber welche Antwort fand ich dafür? „Zum Kailash"! Die

anstrengendste Pilgertour, die man sich aufhalsen kann, und dann auch noch mit der Asche!

Für mich wurde diese Reise ein Höllenritt. Vor der Abreise verfasste ich mein Testament, ich ahnte, dass dies eine Gradwanderung zwischen Leben und Tod werden würde. Also verteilte ich mein Erbe, das zu dem Zeitpunkt noch nicht verspekuliert war, großzügig an meine Freunde.

Was ist das Besondere an diesem Kailash-Phänomen?

Der Kailash ist für den tibetischen Buddhismus, den Hinduismus und die Bön-Religion der bedeutendste Wahlfahrtsort, den es zu umrunden gilt und womit man Erlösung und Erleuchtung erfährt. Viele Berichte darüber erzählen von hohen Strapazen und schwer verdaubaren Erfahrungen. Beim Kailash, sagt man, geht der Sensenmann immer mit, und in regelmäßigen Abständen verkündet die Presse Todesfälle.

Es kamen noch Freunde mit, genauer gesagt ein Paar. Wir planten die Reise von Deutschland aus, der Ausgangspunkt der Tour sollte Kathmandu sein. Es waren 14 Tage dafür angesetzt, das entsprach der Länge des chinesischen Visums, das man von Nepal aus erhielt.

Ab der Ankunft in Kathmandu bis zum Kailash erwartete mich zuerst eine dunkle Fratze übler Erfahrungen. Wie gesagt, es war eine Pilgerfahrt und bei solchen Fahrten verbrennt man Karma, um es ein wenig nebulös auszudrücken.

Es begann bereits bei einem simplen Einkauf der Trekkingausrüstung, wo ich mit meinem nepalesischen Reiseführer verschiedene Läden abklapperte, um das passende Outfit zu finden. In einem Laden sah ich mir Spezialjacken mit warmem Innenfleece an. Aber Service und Preis – nichts stimmte und ich äußerte dies auch sehr deutlich. Der Verkäufer schaltete sofort auf Rot und wurde wütend, attackierte mich ohne Vorwarnung. Mein Guide ging dazwischen, um mich zu schützen. Ich suchte das Weite, bekam aber trotzdem ein paar Faustschläge ab. Dies war eine üble Erfahrung mit muslimischen Händlern: jung, aggressiv und zu allem bereit. Und es war gerade das Jahr 2001, wo der Tourismus aufgrund einer Rezession einbrach. Dies zeigte sich auch in Kathmandu durch die Abwesenheit von Besuchern. Die Menschen waren sehr angespannt.

Die Tour begann am nächsten Morgen. Es war Mitte September und wir fuhren mit vier Jeeps los, es waren zwölf Personen plus Personal. In den ersten beiden Reisetagen gingen wir von 1800 Metern auf die tibetische Hochebene, die sich im Bereich von 3.500 bis 4.000 Höhenmetern dahinschlängelte. Mein Körper lief vom ersten Moment an im Stressmodus, ich bekam Kopfschmerzen, was ich mit Aspirin und anderen Mitteln beheben konnte. Schwieriger war es mit meinem Blutzucker, der öfter extreme Ausschläge verzeichnete. Diese hohen Blutzuckerwerte machten die Gefühlslage instabil. Sie schwankte zwischen dumpf und aggressiv, was im Zwischenmenschlichen leicht zu unbeabsichtigten Konfrontationen führte – und ein passendes Objekt war schnell gefunden.

Mit uns fuhr nämlich eine nepalesische Prinzessin im Auto, die eine Sonderbehandlung erfuhr, indem sich einfach alles nach ihren Wünschen zu richten hatte, was mich tierisch nervte. Es kam zu einem Eklat zwischen uns, als ich ihr die Meinung sagte, und darauf drohte sie mit Vergeltung. Sie hatte nämlich ihren eigenen Bodyguard dabei, worauf ich meine Klappe hielt und wieder ins dumpfe Schweigen verfiel. Die Reise blieb sehr angespannt. Wir glitten über diese Hochlandebene dahin, rechts und links lag das Hochgebirge mit seinen sechs bis sieben Tausendern. Ich hab die Landschaft sehr kahl in Erinnerung und das Fahren auf den Rüttelpisten war ermüdend.

An einen Stopp kann ich mich noch sehr gut erinnern, wir saßen in einer großen Hütte im Kreis und machten unsere Mittagspause. Dazu trank man den berüchtigten tibetischen Buttertee, der vor meinen Augen in einem länglichen Holzfass mit einem Schlegel zubereitet wurde. Zu essen gab es Hammelfleisch, das noch an den Knochen hing, zusammen mit einem Getreidebrei gekocht. Wenn man Hunger hat, dann schmeckt alles. Die Hütte gefiel mir, weil eine gesamte Altarwand mit Bildern und Ritualbestecken sie sehr freundlich machte.

Nach vier Tagen erreichten wir erschöpft von der Anreise den heiligen Berg. Wir schliefen die erste Nacht noch im Basiscamp, wo jeder sein eigenes Zelt hatte, und das erste Mal kam so richtig Vorfreude hoch, als ich diesen phantastischen Berg betrachtete, der mich in seinen Bann zog.

Es war viel los, der Abschluss der Saison stand an und die Tibeter drängelten sich wie Wiesel an allen vorbei und spurteten vorwärts. Aber nicht alle, denn einige machten dies auf den Knien mit Schutzschienen geschützt. Manche trugen bereits Hunderte von mühsamen Kilometern, irgendwoher kommend, auf diese Weise ihr Karma ab – so steht es geschrieben. Ich wurde im Verlauf der Pradakshina (Umrundung des Berges) auch von Tibetern angesprochen, ob ich ein Bild vom Dalai Lama hätte. Da die Chinesen ein Bildverbot verhängt hatten, kam es uns Touristen zu, dieses sinnlose Verbot auszuhebeln. Natürlich hatte ich wohl wissend Bilder dabei und gab sie raus, wann immer sich eine Situation erbot. Ich sah so viel Freude in den Gesichtern der Einheimischen bei ihrem Pilgergang. Der Anblick dieser menschlichen Wärme bot mir einen guten Ausgleich zu der körperlichen Mühsal.

Ich wundere mich heute noch, dass ich diese Pradakshina überlebt habe. Mich plagte damals schon ein leichtes Asthma und der Sauerstoffmangel machte das Gehen zu einer Höllentour. Zwei oder drei Minuten Laufen, dann stehen bleiben, Luft holen – das war der Rhythmus. Ich bildete mit einem nepalesischen Rentner die Nachhut und wir trotteten im Gleichschritt so dahin. Theoretisch hätte ich auch auf einen Yak steigen können, aber dies verbat mir mein Stolz – später dann sollte es dennoch so kommen. Also schleppte ich mich in den nächsten zwei Tagen langsam auf dem Höhenkamm dahin und um den Pradakshina-Gipfel von 5.500 Metern herum. Während des Trecks ging es ausschließlich um den Willen, durchzuhalten, und darum, so zu gehen, dass man genügend Sauerstoff bekam. Ich verstummte für zwei Tage und leierte Mantren vor mich hin, um den Geist zu zentrieren. Das Höhenlicht erschien mir flimmernd hell und die Sonne brannte; für mein Gesicht trug ich eine Kappe mit Sonnenschutz, um diese rigorose Strahlung einzuschränken.

In den Berghängen gab es alte, majestätisch wirkende Klöster, die ich mir aus der Ferne bewundernd mit dem Fernglas heranzog. Sie erschienen bewohnt. Ansonsten war da ein Bild der steinigen Kargheit. Nur an die tibetischen Pilger erinnere ich mich, denn sie flitzten breit grinsend wie ein Hochgeschwindigkeitszug an mir vorbei und ich wunderte mich immer wieder, wie sie das machten. Der Nepali-Rentner setzte sich dann aufgrund von Erschöpfung auf den Yak, den tibetischen Hochlandbüffel, und als Letzter erreichte ich mit ihm zusammen die Anhöhe, wo uns ein Meer an tibetischen Fahnen begrüßte.

Für den Verbleib dort oben war wegen des Sauerstoffmangels nur eine kurze Verschnaufpause eingeplant.

Jetzt war der Moment gekommen, um meinen inneren Auftrag zu erfüllen und Papajis Asche zu verteilen.

Der nächste Eklat stand an!

Ich warf den offenen Metallbehälter mit der Asche, der einen Umfang von vielleicht 20 Zentimetern hatte, und traf damit unseren buddhistischen Reiseleiter, der ein paar Meter entfernt stand, mitten ins Gesicht; von dort prallte der Behälter ab und verschwand irgendwo im tibetischen Fahnenmeer. Der arme Guide war blutüberströmt und mir war dieses Missgeschick so peinlich, ich blieb wie angewurzelt stehen.

Jetzt kommt die Story: Dieser Guide war ein Überläufer, er kam aus einer tiefreligiösen tibetischen Familie. Er ist zur chinesischen Seite übergelaufen und arbeitete für die chinesische Administration als Reiseführer. Die Mitglieder seiner Familie waren aber tibetische Flüchtlinge, die dem Dalai Lama ins Exil folgten – was für die Familie und für ihn einen tiefen Riss bedeutete.

Ich entschuldigte mich bei ihm, dessen Wunde bereits versorgt wurde, und erzählte ihm die Geschichte von Masters Asche. War es nur meine Schusseligkeit oder eine Lektion, die er in diesem Moment bekam? Fragen, die nicht mehr beantwortet werden können.

Nachdem ich meinen inneren Auftrag erfüllt und die Asche auf diese mysteriöse Art und Weise am Kailash verstreut hatte, war bei mir die Energie raus. Nach dem Überqueren des Höhenkamms setzte ich mich auf einen Yak, wurde irgendwie angebunden und glitt langsam auf dem Rücken dieses geschmeidigen Urwesens sicher ins Tal. Yaks sind wahre Meister der Bewegung und ich empfand es als eine

Wohltat, darauf zu sitzen und nicht mehr laufen zu müssen.

Alle Anspannung löste sich in mir und am nächsten Tag erreichten wir den sagenhaften Mansarovar Höhensee, wo wir gemeinsam ein Baderitual mit warmem fließendem Wasser vollzogen. Was für ein Genuss nach einer Woche Katzenwäsche! Wir waren auch die letzte Gruppe, denn am folgenden Morgen setzte der Schneefall ein und der Kailash wurde für Touren geschlossen. Es war bereits Ende September.

Die Rückkehr ging schnell vonstatten, man verkürzte einen Tag und wir kamen wieder heil in Kathmandu an. Wie sich herausstellte, gingen alle Teilnehmer während dieser Fahrt durch extrem schwierige Phasen und meine damaligen Freunde hatten selbst eine dicke Beziehungskrise.

Ich flog von dort mit kurzen Zwischenstopps in Delhi und München weiter nach La Gomera, auf die Kanarischen Inseln, wo ich total „ausgeblisst" in einem Glückszustand zwei Wochen bei einer Bekannten verbrachte. Das war also das Geschenk, das mir der Kailash nach all den Mühen gab.

Dieses tiefe Empfinden des Einsseins und einer durchdringenden Gegenwärtigkeit war wochenlang präsent! Auch wenn es mit dem Höhenluftphänomen erklärbar ist, bleibt mir als Nachklang, dass sich die Mühe lohnte und ich Masters Asche für immer am heiligen Berg Kailash verteilte.

Ich rate Menschen, die diese Reise machen möchten, sich mehr Zeit zu nehmen, um so den körperlichen

Gewöhnungseffekt besser bewerkstelligen zu können.

Fazit:

Pilgerreisen können starke innere Prozesse mit sich bringen. Meistens geht man durch ein tiefes Tal, wo man sich überanstrengt fühlt und emotional intensiv reagiert. Solche großen Anstrengungen hinterlassen tiefe Spuren. Hat man das Ziel erreicht, führt es zu glückseligen Gefühlen.

Es ist immer etwas Besonderes, sich solchen Strapazen auszusetzen.

20.

Der Berg Arunachala – die Magie des Unerwarteten

★★★★

Ein kleiner Hügel in Südindien, zwei Stunden von der französischen Enklave und Küstenstadt Pondicherry entfernt im Landesinneren von Tamil Nadu, ist seit Jahrhunderten ein heiliger Ort, der Pilger und spirituelle Suchende anzieht. Es ist der Berg Arunachala, er wird auch „der kleine Bruder" des Kailash genannt. Der dem Berg anliegende Ort heißt Tiruvannamalai. Zu Vollmond kommen bis zu eine Million Menschen und umrunden ihn. Es ist ähnlich einem Pilgergang, man kontempliert über laufende Lebensthemen, läuft sich leer und erhält eine Einsicht oder Anregung, damit umzugehen. Manchmal passiert es sehr unmittelbar und schnell. Natürlich wandern täglich Pilger. Man kann dazu die Straße verwenden und kommt an zahlreichen kleinen Tempeln vorbei, wo man eine Gabe gibt oder einfach nur die Gottheit verehrt und sich verbeugt. Oder man geht den inneren Pfad, der durch die Natur führt und ruhiger ist. Persönlich laufe ich gerne zu Vollmond, meistens den klassischen Weg auf der Straße.

Die Inder wandern barfuß, aber dies habe ich mir abgewöhnt, nachdem ich mir mehrmals meine Füße blutig gelaufen hatte. Es muss nicht sein. Aber am Abend in der Gruppe zu laufen, macht Spaß, es ist wie Kirmes. Die ganze Wegstrecke entlang stehen Buden, wo alles verkauft wird, was man so nicht braucht. Von Götterbildern bis zu Haushaltswaren und natürlich jede Menge Essbuden und Chaishops.

Auch sitzen viel Zukunftsdeuter an der Straße. Am besten finde ich die Papageien, die in einem Käfig hocken, dann bei einer Frage herausgelassen werden und für den Kunden eine Karte aus 21 Karten picken, was die innere Frage beantworten soll. Es gibt dazu einen Text für die Deutung. Dabei kommt oftmals Erstaunliches raus.

Auch sind Handleser anwesend, die ihre Dienste anbieten. Ich checke sie gerne auf ihr Potenzial hin ab und finde immer wieder jemanden mit hoher Intuition.

Manche Gesellschaften spenden Essen für die Pilger und man kann sich damit vollstopfen, meistens sind es Reisgerichte. Es ist ein echtes Volksfest oder auf Neudeutsch gesagt ein „Happening" mit viel Gesang und Freude. Der Jahreshöhepunkt ist immer im Dezember zu Deepam, dem Fest des Lichts, wo die meisten Pilger anreisen und auf dem Arunachala ein Feuer angezündet wird, das dann für einige Tage brennt.

Ramana Maharshi, der Guru Poonjajis, lebte hier bis 1950 und es entstand der Ramana Asramam, das spirituelle Herz an diesem Kraftplatz.

Bereits im Oktober 1993 machte ich meine erste Reise zu diesem Ort. Damals fand ich noch einen leeren Ashram vor, in dem man maximal eine Woche verbleiben konnte.

Die Infrastruktur war unterentwickelt. Es gab zwei oder drei einfachste indische Restaurants und keine Hotels, sondern nur primitive Gästehäuser. Ich mietete damals ein leeres Zimmer und musste mir die Matratze dazu selbst kaufen. Ich schlief auf einem nackten Steinboden, mit Plumpsklo und Waschbecken.

Nachdem Master im September 1997 verstarb, richtete sich die Satsang-Gemeinde hier ein. Poonjaji hatte einigen seiner Schüler den Auftrag erteilt, zu unterrichten, das heißt, Satsangs zu geben. Viele unterrichten auch hier und ein Satsang-Tourismus entstand.

Heute gibt es um den Ashram Bioläden, Gästehäuser, Appartementblocks und Hotels. Der Lebensalltag ist einfacher geworden und man wird auch ärztlich gut versorgt.

Ich komme regelmäßig nach Tiruvannamalai. Einerseits treffe ich Freunde und Bekannte aus der ganzen Welt, kann im Ashram bei den täglichen Ritualen und Gesängen mitmachen und sitze gerne und lange in der Medihalle. Hier steht immer noch die alte Couch, worauf Ramana gesessen hat und seine Darshans hielt. Ich liebe diese Gesänge. Andrerseits laufe ich täglich um den Samadhi Ramanas, der sich in der großen Halle befindet. Dieses Umrunden, indisch „Pradakshina" genannt, ist ein „sich Leerlaufen", vergleichbar mit dem Zenwalk, nur bei der Laufgeschwindigkeit gibt es keine Vorgaben.

Die Themen, mit denen ich mich während dieser Zeit auseinandersetzte, sind jedes Mal neu. Es ist nie planbar. Einige sind in kurzer Zeit erledigt, manche laufen während des ganzen Retreats, der in der Regel einen bis drei Monate dauert.

Als Beispiel dient dieses Buch. Ich begann ursprünglich, mein letztes Werk neu zu bearbeiten und zu übersetzen. Nach einer Woche bemerkte ich, wie die Energie sich staute und nichts mehr voranging. Ich stoppte komplett mit dem Schreiben und ein paar Tage später begann ich mit der Biografie. Einen festen Arbeitsrhythmus gab es dabei nicht. Ich schwang mit dem Rhythmus des Berges, anders lässt es sich nicht ausdrücken. Die Inhalte kamen von Tag zu Tag neu, meistens während meiner Pradakshinas.

Parallel dazu liefen dann noch andere Themen wie die Gesundheit, was mich gerade beim Übergang der Jahre 2011/2012 teilweise mürbemachte. Wenn verschiedene Krankheitssymptome im Zeitraffer auftreten, ist das „Körperdrama" perfekt und ich versinke im Leid, bis sich eine Heilmöglichkeit auftut. In meinem sehr komplexen Fall ist es Ayurveda, durch die ich gerade neue Impulse bekomme.

Genauso wie die Besucher, die wie bei allen Pilgerorten nur auf einen Sprung vorbeikommen, sind es hier Tausende von Indern täglich, dazu kommen einige Fremdländer. Auch von den Westlern bleiben einige hängen und mieten sich kurz- oder langfristig vor Ort ein. In dieser indischen Aufschwungphase haben sich die Mieten innerhalb von fünf bis sechs Jahren verdoppelt und der Baumarkt explodiert.

Der Tourismusstrom erreicht jährlich ab Weihnachten bis Shivaratri – ein Fest zu Ehren Shivas Ende Februar bis Anfang März – seinen Höhepunkt mit vielen Festivitäten. Klimatisch ist die Zeit ab Oktober bis Ende Februar gut verträglich.

Wie schon Rishikesh, so hat auch dieser Ort eine mächtige Tempelanlage zu Huldigung Shivas im Zentrum, ein energetisch hochschwingender Platz. Es gibt unzählige Höhlen, wo man sich zur Meditation zurückziehen kann. Oder man mietet ein Haus beziehungsweise Wohnung im Abseits mit Blick zum Berg und erfährt so das Außergewöhnliche dieses Platzes.

Im Gegensatz zu Rishikesh, den ich als einen sehr weichen Ort erfahren habe, geprägt durch die Ganga, ist der Arunachala ein Kristallisationsplatz, ein harter Ort zur Selbstfindung.

Fazit:

An Kraftplätzen wie Tiruvannamalai fühlt man sich zu etwas hingezogen und man lernt, mit der hohen

Intensität umzugehen, wenn die Grenze zwischen Unbewusstem und Alltagsbewusstsein durchlässig wird. Es findet dabei ein intensiver spiritueller Reinigungsprozess statt. Es ist gut, körperlich als auch geistig fit zu sein.

Keine Sorge, man kann jeden Tag abreisen, nun aber weiter nach Pondicherry!

21.

Pondicherry – Erholung

★★★★

Zwei Stunden Autofahrt zur Küste, es ist ein Szenewechsel der besonderen Art. In Tiru befinden sich die knochigen, ernsten Ramana-Jünger und in Pondi die französische Enklave voller Kreativität und Lebensfreude. Die Menschen haben dort häufig ein Lächeln auf den Lippen.

Ramana Maharshi und Sri Aurobindo lebten zur selben Zeit, entwickelten aber komplett andere Philosophien.

Für mich ist ein Ausflug nach Pondi, der oft mehrere Tage dauert, ein Fest der Sinne. Das französische Viertel ist wie ein einziges Museum mit wunderbaren alten Kolonialbauten aus dem 17. und 18. Jahrhundert, die in den letzten Jahren vollständig renoviert wurden. Dort finden sich moderne Boutiquen, Esslokale, Antiquitätenshops und jede Menge Kunsthandwerk. Dort steht auch die erste Franziskanerkirche des indischen Kontinents, die immer noch aktiv ist.

Das gesamte Setting ist ein Kunstwerk!

Der Mittelpunkt ist für mich der Samadhi von Sri Aurobindo und der Mutter. Am Samadhi befindet sich ein einziges Blumenmeer und er ist frei von hinduistischen Symbolen. Den ganzen Tag über kommen Menschen und umrunden den kleinen Samadhi; man kann sich dort auch zur Meditation hinsetzen. Ein besonderer Kraftplatz, der Schönheit und Stille ausstrahlt.

Neben dem Samadhi ist die Uferpromenade ein Wahrzeichen Pondis mit einer Statue von Mahatma Gandhi und dem Blick auf das Meer. Diese Promenade lädt zum Flanieren ein. Coffeeshops, Hotels, Boutiquen, Galerien und Imbissbuden reihen sich aneinander.

Man hat Lust auf Leben, bei mir regt Pondi die Kreativität an und eine Einkaufstour ist ein „Muss". Vieles gehört der Sri Aurobindo Gesellschaft, man merkt die westliche Handschrift. Sie stellen auch eine Menge an Unterkünften verschiedener Preiskategorien zur Verfügung, eine Vorausbuchung ist dennoch ratsam. In unmittelbarer Nähe zu Pondicherry befindet sich Auroville, die bekannte internationale Gemeinschaft.

Fazit:

Pondicherry bietet einen fantastischen Ausgleich zu Tiru, die Leichtigkeit des Seins überkommt einem unmittelbar. Es gibt sehr gutes Essen, worauf man sich nach einem langen Tiru-Aufenthalt immer freut.

Meistens reichen ein paar Tage dieses hektischen Treibens, dann freut man sich wieder auf die „Wüste" – oder man verlängert das französische Erdendasein!

Ein Muss für die sinnlichen Freuden des Lebens!

22.

Die neuen Gurus

✯✯✯✯

Ich habe es bereits angesprochen, wir stehen an einem großen Zeitensprung und ich erwarte in den nächsten Jahren eine neue Spiritualität, die einfach ausgedrückt Kopf und Herz vereint - wobei mir die deutschen Worte dafür unpassend erscheinen. Im Indischen würde ich dafür „Gyana und Bhakti" gebrauchen, was so viel heißt wie „Wissen und Hingabe". Es ist die anbrechende Zeit der großen Weltenlehrer, die uns in den nächsten 10 bis 15 Jahren beschert wird!

Master hat zwei Kriterien gegeben, wie man einen großen Lehrer für sich erkennt, und zwar einmal durch eine intensive Liebe, die man in dessen Gegenwart erfährt, und/oder durch eine alles durchdringende Stille.

Die Worte, die man hört, sind sekundär; das meiste kann man in den spirituellen Büchern nachlesen.

Viele aus der neuen Generation der westlichen Lehrer besitzen nicht den traditionellen Hintergrund, lange Zeit bei einem Meister gewesen zu sein und diese Anwesenheit auch noch *nach* der tiefen Erkenntnis fortzusetzen.

Die meisten Satsang-Lehrer haben kurze Phasen mit Poonjaji verbracht und dann angefangen zu unterrichten. Es gibt einige Quereinsteiger, die plötzlich das Gefühl hatten, „erwacht" zu sein, und auf den Satsang-Zug mit aufsprangen. Manche haben es einfach Talk genannt, um sich ein bisschen abzusondern. Eine fundierte, klassische Ausbildung fürs Unterrichten findet man in diesem Metier selten und schon gar nicht hat irgendjemand aus dieser Gruppe längere Zeit die Klappe gehalten und geschwiegen. Aber so wie es Lehrer gibt, um das Autofahren oder das Schreiben und Rechnen zu lernen, so gibt es auch Musik- und Yoga-Lehrer oder eben Satsang-Lehrer. Man sollte von ihnen auch nicht mehr erwarten als von einem guten Film, der 90 Minuten dauert: eine gute Unterhaltung in Sachen Bewusstsein zu einem fairen Preis.

Manche dieser selbst ernannten Lehrer sind ständig auf Achse; sie verdienen sehr gut damit und abgehobene altruistische Motive sollte man in der jetzigen Zeit von ihnen nicht erwarten.

Was qualitativ hochwertig ist, wird die Zeit zeigen ...

Für mich persönlich gab es nach Maharishi, Osho, Maharaji und Master seit 1997 nichts mehr, was mich vom Hocker gerissen hat.

Es ist auch genug für ein Erdenleben, das will erst einmal verdaut werden.

Ansonsten ist meine Devise: JUST KEEP QUIET!

Fazit:

„Be a light onto yourself.“

Man sollte jeden Guru testen und auf Herz und Nieren prüfen und notfalls in den Schredder schicken. Man kann sich auch an den Guru-Listen im Internet orientieren.

Sonst noch Fragen?

23.

Die Gene – Mutter und Vater in meinem Script

Ich bin noch in einem Familien-Setting aufgewachsen, wo die Großeltern mit im Haus wohnten. Ich komm aus einer klassischen Arbeiterfamilie, wo die Mutter mit anpacken musste, weil sonst das Geld nicht gereicht hätte.

Meine Mutter sah ich nur beim Arbeiten, sie ist ein niederbayrischer Schlag, der von morgens bis abends am Werkeln ist. Sie war eine stadtbekannte Friseuse, liebte ihren Job und hatte immer gutes Geld damit verdient, zum Teil mehr als mein Vater. Sie ist tiefgläubig und macht auch regelmäßig Pilgerreisen, ob nach Fatima, Lourdes oder nach Rom zum bayrischen Papst. Viele katholische Kraftplätze werden von ihr aufgesucht. Was für mich die morgendliche Meditation ist, ist für sie das Rosenkranz-Beten. Aber auch Reiki macht sie gerne und dies schon seit 20 Jahren.

Was meine Mutter mir mitgab, ist ihre bedingungslose Liebe zu Mitmenschen. Wie zeigt sich das?

Wann immer ich mich in einer schwierigen Lebenssituation befand, war meine Mutter instinktiv für mich da. Es brauchte wenig Worte meinerseits, meistens handelte sie bereits, bevor ich ihr meine Lage erklärte. Sie konnte mir immer gut zuhören und versuchte mir die positiven Seiten zu vermitteln. Wenn ich in einem finanziellen Engpass steckte, half sie mir ohne viel Gerede einfach weiter. Jetzt ist sie jenseits der 80 und wir treffen uns einmal die Woche zum Essen und verbringen wertvolle Zeit miteinander.

Mein Vater war vom Typ her ganz anders: lebenslustig, sehr gesellig und dem Trank nicht abgeneigt, besonders wenn die Arbeitswoche vorbei war. Er arbeitete bei der Zeitung, zuerst als Schriftsetzer, dann als Anzeigenkaufmann. Er war ein sehr menschenbezogener Typ und spielte bis zum 40. Lebensjahr noch als Torwart beim Fußballklub.

Gesundheitlich begann seine Leidensgeschichte früh mit Krankheiten wie Bechterew und Morbus Crohn, mit 54 Jahren wurde er bereits verrentet.

Seine Liebe galt den Autos und den zwei bis drei Mal jährlichem Verreisen. Er war meistens guter Dinge, wenn wir auf Achse waren und wieder mal um vier Uhr früh Richtung Italien abfuhren. Eine Ortschaft nach der anderen an der Riviera oder der Adria fuhren wir an und lernten so die deutschen Bettenburgen kennen. Wir fuhren nie zweimal denselben Platz an. Es war immer eine Lotterie, wie Zimmer und Strand aussahen. Erst später, als mein Bruder und ich erwachsen waren und nicht mehr mitfuhren, haben sich meine Eltern an feste Urlaubsplätze gewöhnt.

Kontinuierlich immer dasselbe zu tun, kam in meinem Script nicht vor. Entsprechend entwickelte sich auch mein Leben.

Organisationstätigkeit, die astrologisch therapeutische Arbeit und in den letzten Jahren das Schreiben sind und waren meine Einsatzbereiche.

Ich liege also mit meiner beruflichen Wahl ein wenig abseits der Gene. Nur gesundheitlich habe ich das ganze Paket mitbekommen.

Was mein spirituelles Interesse anbelangt, sehe ich schon Verbindungen zum Familienstammbaum, denn da ist bei einigen eine tiefe, unerschütterliche Religiosität vorzufinden, der auch so manches im Leben geopfert wurde.

Fazit:

Die Gene sind der Baustein für die körperliche und vielleicht auch mentale Konstitution. Wir sprechen hier von der Hardware, doch wer bestimmt die Software?

Sind es das soziale Umfeld und die gesellschaftlichen Einflüsse?

Für einen neugierigen Menschen stellt sich dann noch die große Frage, ob es ein Jenseits dieser körperlich-mentalen Anlage gibt. Ist da noch was? Die Reise beginnt.

24.

Tiru 2012 – Unsicherheit, Ängste und Ungeduld

★★★★

In meiner Wahlheimat in Südindien spreche ich oft mit Menschen aus verschiedenen Kulturen und höre mir an, was sie derzeit am stärksten tangiert.

Generell auffällig ist – besonders bei den Älteren –, dass sich viele auch in Indien, wo die Nahrungsmittel im Vergleich zum Westen noch relativ günstig sind, selbst versorgen. Zum Teil aus gesundheitlichen Überlegungen, weil das Restaurantessen auf Dauer nicht schmeckt und gesundheitlich für den Westler schädlich ist, aber auch, um Kosten zu sparen. Einfaches, verträgliches und gesundes Essen ist „in".

Die Menschen, die hier leben, reduzieren sich auf das Notwendigste, was bekömmlich und gut für sie ist.

Es wird mehr abgewogen und auf die Kosten geschaut.

Anstatt nach Thailand zu fliegen, um Indien ausklingen zu lassen, fährt man nach Goa, wo es günstiger ist.

Die meisten sind ausgeprägte Individualisten, und doch sehe ich Tendenzen, sich zusammenzuschließen. Auch bei den Wohnformen, unabhängig von der finanziellen Ausgangssituation, schart man sich in kleine Gruppen. Viele, die ich kenne und jetzt im „Rentenalter" sind, müssen sich mit geringen Rücklagen auf Hartz-4-Niveau zufriedengeben. Ich sprach mit einigen meiner amerikanischen Freunde; die bekommen „Social Security", was unserer staatlichen Rente entspricht, und die ist bei den meisten unter 1000,- $. Damit lässt es sich nur in Asien einfach, aber gut leben, sicherlich nicht in den USA oder in Europa.

Gleichzeitig gibt es hier in Tiru die Erbengeneration mit finanziell sehr gut Gestellten. Aber auch die Wohlhabenden machen sich Gedanken, was sie mit ihren Ersparnissen so machen sollen und wie sie es am besten über ihre Lebenszeit retten.

Ich habe vor Kurzem mit einem hier ansässigen deutschen Freund gesprochen, der erst Anfang 40 ist, und er hat es mit einem Wort ausgedrückt: Die *Unsicherheit* hat in letzter Zeit stark zugenommen. Die sogenannten persönlichen Sicherheiten, auf die man sich verlassen konnte, wie persönliche Beziehungen, Job, Gesundheit, Lebenseinstellungen – all das, mit dem man sich identifiziert und als Konstante sieht, all diese Faktoren unterliegen in der aktuellen Phase starken Belastungen. Es scheinen genau diese Bereiche zu sein, wo es gilt, sich freizumachen von fixen Ideen, wie etwas zu sein hat.

Damit einher gehen existentielle Herausforderungen, die aber bei den Älteren oftmals kreativ gelöst werden nach dem Motto: „Jeder kann was und somit auch was anbieten, um seinen Lebensunterhalt zu bewerkstelligen". Gerade hier vor Ort sehe ich einen überaus gelassenen Umgang mit dieser Thematik. Da viele aus dem therapeutisch-beratenden Bereich kommen und Lehrinhalte anbieten können wie Yoga, Qigong, Ayurveda, Massage und Counselling, kreieren sich immer Angebot und Nachfrage an heiligen Stätten wie Tiru und Rishikesh.

Andererseits sind die staatlichen indischen Behörden mittlerweile hellhörig geworden bezüglich westlicher Besucher, die ohne Arbeitsvisum in Indien arbeiten. Die staatliche Kontrolle nimmt überall zu, auch in Indien.

Es gilt das Motto „Irgendwie kommt man schon durch", gepaart mit einem Gottesvertrauen – und bei vielen hilft es. Da eine große Anzahl der hier Lebenden einen sehr einfachen Lebensstil gewählt hat und sich nur um das Wesentliche kümmert, sprich der Innenschau, ist eine selbst gewählte, bescheidene Lebensqualität ein wahres Geschenk. Auf diese Weise vermeidet man unnötigen Ballast.

Unsicherheit schärft den Orientierungssinn. Was bleibt, ist das „ICH BIN", diese Präsenz des Hierseins. Und mit einer einfachen, aber gesunden Ernährung hat man bereits eine gute Basis, um Lebensqualität zu gewinnen und Herausforderungen zu meistern. Nahrung ist Energie und was man isst, so ist man, denkt man und handelt man. Ich meine damit nicht, eine neue Zwanghaftigkeit durch Dogmen zu entwickeln, sondern einfach gut auf die Gesundheit achten. Dies ist ein Topthema hier und dabei versuchen viele, es von der Wurzel her anzugehen. Was hilft es, Tabletten zu nehmen und oberflächlich Heilung und Linderung zu erreichen, wenn weiterhin das eigene Grundverhalten schädlich ist?

Was fällt sonst noch auf? Welche Spannungsfelder erleben die Leute hier neben dieser Unsicherheit, gepaart mit Ungeduld? Es geht um schnelle Lösungen. Kaum hat sich am Horizont eine Fata Morgana gezeigt, kämpft man bereits für ihren unsichtbaren Bestand.

Andererseits erlebe ich, dass die Zündschnur bei vielen kürzer geworden ist und es gilt, schnell zum Punkt zu kommen. Die Verfallszeit von Angedachtem ist sehr kurz, auch wenn man dachte, man hat die hundertprozentige Lösung gefunden. Im nächsten Moment war es doch nur ein Hirngespenst und es kommt wieder in den Ideenschredder.

Tiru ist ein sehr kreativer Platz. Auch Maler und Schriftsteller finden sich hier ein.

Fazit:

Es ist wichtig zu wissen, dass aufkommende Empfindungen Themen des Kollektivs sind und uns alle

tangieren.

Mit der Aufmerksamkeit an der Quelle, dem Selbst, bleibst du handlungsfähig, und dies mit einer Spur Gelassenheit und praktischen Intelligenz.

25.

Bhakti Yoga – ein spiritueller Paradigmenwechsel hin zum Prinzip der universellen Liebe

✭✭✭✭

Wenn ich auf die letzten 40 Jahre meiner spirituellen Praxis zurückblicke, sehe ich eine reiche Vielfalt an geistigen Inhalten, die mich beschäftigten.

Ich bin den Yoga-Pfad gegangen, wo das Element der Wiederholung von Übungen zu Resultaten führt. Hatha Yoga und Mantra-Meditation sind Ausdruck dessen, womit ich Körper und Geist trainierte.

Ich habe Tantra praktiziert und damit die körperlich-sinnliche Seite gestärkt und meiner aufgesetzten lustverneinenden kirchlichen Prägung ein Ende bereitet.

Dann kam Gyana – der Pfad des Wissens, wo ich mich auch intellektuell mit dem „WER BIN ICH?" auseinandersetzte und an die Grenzen des Denkbaren ging.

Es galt, dem unmittelbaren Sein im Hier und Jetzt die volle Aufmerksamkeit zu widmen, einzutauchen in das „ICH BIN", in die immerwährende Präsenz.

Ich schrieb vor zwei Jahren in meinem letzten Buch: Jetzt kommt aus astrologischer Sicht mit Neptun in Fische ab 2012 das Wiederauftauchen des Prinzips der universellen Liebe, das im indischen Kontext als *Bhakti Yoga* bezeichnet wird. Liebe ist sich ihrer selbst genug, es bedarf keiner intellektuellen Erklärung dafür. Ich begegne allem unter dem Aspekt der Liebe, die frei ist von persönlichen Belangen und somit nichts will, es ist das bedingungslose Ja zum DU.

Zu Ende gedacht, heißt dies für mich:

Ich bin – Gott ist – und Liebe macht es sichtbar.

Bhakti Yoga ist eine eigene Disziplin und ihre sogenannte Methode ist die Liebe, diese unvoreingenommene Haltung. Und ich meine damit nicht die Liebe von Mann und Frau, die bindet und unfrei macht.

Ausführliches zu den Unterschieden, was Bhakti anbelangt, ist nachzulesen in den „Bhaktisutras des Naradas" von Hans Georg Türstig. Witzig geschrieben, kommentiert es den uralten Text und übersetzt diese zeitlosen Erkenntnisse in die Jetztzeit.

Papaji hat immer gesagt: „Gyana ohne Bhakti ist trocken und es bedarf beider Flügel, um in die Höhe zu fliegen."

Ich kann mir gut vorstellen, dass bei den kommenden Katastrophenszenarien die Liebe als verbindendes Element eine zentrale Bedeutung für unser Überleben auf diesem Planeten einnimmt.

Jeder für sich kann sie im Alltag praktizieren, sie kostet nichts und zeigt unmittelbare Resultate.

Fazit:

Was sind schon Kopf und Verstand ohne Herz und Gefühl? Das Alleinsein gibt mir die Weisheit, das Zusammensein mit Menschen die Liebe.

Das klingt gut und kann den Weg weisen für ein erfülltes Leben!

26.

Weitere Gedanken – kurz gefasst

★★★★

Zum **Thema Drogen**

Zu diesem Thema habe ich viel aus der persönlichen Historie geschrieben. Ich möchte dem noch hinzufügen, dass ich seit mehr als 30 Jahren keinerlei Rauschmittel mehr eingenommen habe. Ich betrachte sowohl Drogen als auch Alkohol als schädliche Substanzen, wenn man sie regelmäßig zu sich nimmt.

Zum **Thema Gurus**

Man braucht einen erfahrenen Lehrer auf dem Weg zur Selbstrealisation. Es gilt aber immer die Devise „Wenn der Schüler reif ist, dann erscheint der Guru." Deshalb kann man die Lehrersuche mit Bedacht angehen und bevor man eine Wahl trifft, sollte man den oder die Auserwählte auf Herz und Nieren überprüfen – auch dabei den Verstand einschalten, der in der ESO-Szene so verpönt ist, besonders wenn Kontroll-maßnahmen und finanzielle Forderungen vonseiten der Gu-rus kommen, die berechtigte Zweifel hervorrufen.

Zu 100 Prozent gilt: Eine Unterstützung ist immer da auf dem Weg zu sich SELBST. Manchmal muss man Abstriche machen und die eigenen Vorstellungen über Bord werfen.

Zum **Thema Schüler**

Sei lebenslang ein Schüler, das hält jung und man hört nie auf, hinzuzulernen. Vorsicht ist vor allem gegenüber denen nötig, die bereits irgendwo angekommen sind.

Ein nie enden wollendes Lächeln ist das Resultat eines plastischen Chirurgen und nicht der Ausdruck von Heiligsein!

Zum **Thema Menschsein**

Einfach normal sein, mit dem Spannungsfeld leben und auch göttliche Essenz sein. Wir sollten diesen ewigen Wider-spruch akzeptieren, dass wir aus verschiedenen Persönlichkeitsaspekten bestehen, die sich widersprechen. Die Empfindungen des All-Eins-Seins neben der Liebe zum Be-sitz – widersprüchlich und doch ganz Mensch.

Zum **Thema Selbstrealisation**

Die Verpackungen dafür ändern sich in regelmäßig auftre-tenden Rhythmen. Die Advaita-Lehre kannten bis vor 20

Jahren nur sehr wenige und plötzlich wurde der Gedanke von *Freiheit Jetzt* zu einer Massenbewegung. Die Idee, bereits realisiert zu sein und vom Glauben der Nichtrealisation Abstand zu finden, war das Grundgerüst dafür. Der mühsame Weg des durch Übung geprägten Yogas war plötzlich „out" und alles sofort haben zu wollen und zu bekommen, wurde „in"! Das Buddha-Lächeln wurde zum Konsumartikel – natürlich eine Missinterpretation der wunderbaren Lehre des Advaita Vedanta.

Also that will pass ...

... und eine neue Welle folgt, vielleicht das Bhakti Yoga, weil es so einfach erscheint und uns sehr ich-bezogenen Westlern dennoch fremd ist.

Fazit:

Einfach ausgedrückt: Gold bleibt Gold, auch wenn es immer wieder zu neuen Schmuckstücken gegossen wird.

27.

Persönliche Note mit Quintessenz

★★★★

Die bösen und die braven Männer gleichen sich in einem Leben mehr und mehr an. Jeder von uns findet sicherlich Teile des Abenteurers, des Draufgängers und des Suchenden in sich, genauso wie den Langweiler und den Beständigen, der einem unaufregenden Leben den Vorzug gibt.

Nach turbulenten Lebensabschnitten freue ich mich immer wieder auf die ruhigen Zeiten, wenn der Lebensstrom in einem Gleichmaß dahinfließt.

Einer der wichtigsten Leitsätze, den mir mein alter Lehrer mitgab, war: „Live a simple life." Einfach übersetzt, bedeutet es, sich freimachen von unnötigem Ballast, um so ein einfaches Leben führen zu können.

Dies ist sicherlich hilfreich, wenn man seine Werte neu

justiert und dieser brennende Wunsch nach Freiheit einen erfasst und die volle Aufmerksamkeit verlangt.

Es ist aber keinesfalls eine Voraussetzung zur Selbsterkenntnis, denn die gibt es nicht. Ein Leben mit Frau und Kindern ist genauso wertvoll, wie sich einem klösterlichen und zurückgezogenen Leben zu widmen. Es hängt vom persönlichen Script ab und vom Lebensalter, in dem man sich befindet.

Mein gesamtes Leben war bisher voll mit regelmäßig auftretenden, einschneidenden Veränderungen. Aus dem heraus hat sich die Devise entwickelt, mit wenig Gepäck zu reisen, denn dann lässt es sich schnell zusammenpacken, um weiterzuziehen. Hiermit meine ich speziell diese Anhaftungen im Zwischenmenschlichen, die das Leben oftmals so lähmen.

In der jetzigen Zeit, wo einschneidende gesellschaftliche Veränderungen sich zeigen, ist es wichtig, folgende Frage zu beantworten: „Was brauche ich wirklich, um ein erfülltes Leben zu leben?"

Mit der Beantwortung dieser Frage kann ich die Weichen stellen für einen Neuanfang, und dies jeden Moment und immer dann, wenn das Leben zu kompliziert wird.

Jeder ist sich selbst der Nächste und die Eigenliebe gebärt das Mitgefühl und die Liebe zum Nächsten.

Ich persönlich richte sogar im Moment mein Leben wieder neu aus und brauche bei diesem Wechsel auch Zeit für die einzelnen Schritte. Für mich ist es wichtig, bei grundlegenden Veränderungen meine Umwelt und meine Mitmenschen in den Prozess miteinzubeziehen und mir den Rat guter Freunde zu holen.

Besonders in spannungsreichen Zeiten gilt es, einen Gang zurückschalten und sich Zeiten der Stille zu gewähren, um sich selbst zu spüren.

Damit bin ich wieder beim fundamental wichtigsten Leitsatz meines Lebens angelangt, mit dem ich diese Autobiografie abschließe – *JUST BE QUIET!*

Über den Autor

Roman Kess, geboren Oktober 1955, lebt abwechselnd in Bayern und in Südindien.

Seit Ende der 80er Jahre ist er als Autor für Zeitschriften und Verlage und als Astrologe tätig.

Von den 70er Jahren an beschäftigte er sich während langer Studienaufenthalte in Indien intensiv mit den alten Mysterienschulen in Theorie und Praxis. Er absolvierte verschiedene astrologische und therapeutische Ausbildungen.

Darüber hinaus gründete und leitete er mehrere Jahre in München eine internationale Seminaragentur. Es folgten regelmäßige TV-Auftritte in Sendungen mit astrologischen Inhalten.

In seiner Heimatstadt Rosenheim unterhielt er eine Heilpraktikerpraxis für Psychotherapie – Praxis für Therapie und Astrologie.

Jetzt lebt und arbeitet Roman Kess überwiegend in Südindien.

Für Anfragen zu Projekten und astrologischen Einzelsitzungen ist er per E-Mail erreichbar unter roman_kess@web.de.

Als Bücher erschienen sind:

Mit den Sternen zur richtigen Therapie, Knaur Verlag, München
Huters astrologischer Kalender 2009, Huter Verlag, Rosenheim
Weltenwende 2010-2015, Allegria Verlag, Berlin

Vorankündigung

Astrowelt & globale Visionen

Ländervoraussagen 2013

Im Herbst 2012 erscheint eine neue Übersicht zum Weltgeschehen.

Ich werde dazu die wichtigen Länder wie Deutschland, USA, Russland, China, Japan und Indien aus astrologischer Sicht besprechen und eine komprimierte Vorausschau für 2013 machen.

Neben der astrologischen Analyse mittels der Gesellschaftsastrologie (Mundan-Astrologie) beschreibe ich meine Visionen und inneren Bilder, die mir zu den einzelnen Ländern kommen, und verweise auf unterstützende Hilfsmittel, um mit den anstehenden Themen umzugehen.

Vorankündigung